Le Routard

La visite d'entreprises en Occitanie

Cofondateurs : Philippe GLOAGUEN et Michel DUVAL

Directeur de collection et auteur
Philippe GLOAGUEN

Secrétaire général
Gavin's CLEMENTE-RUIZ

Rédacteurs en chef
Amanda KERAVEL (France)
Benoît LUCCHINI (Étranger)

Directrice administrative
Bénédicte GLOAGUEN

Conseiller à la rédaction
Pierre JOSSE

Responsable voyages
Carole BORDES

Direction éditoriale
Élise ERNEST

Rédaction
Emmanuelle BAUQUIS
Véronique de CHARDON

Responsable partenariats
Jérôme DENOIX

hachette

TABLE DES MATIÈRES

PRÉAMBULE

☎ **112 :** c'est le numéro d'urgence commun à la France et à tous les pays de l'UE, à composer en cas d'accident, agression ou détresse. Il permet de se faire localiser et aider en français, tout en améliorant les délais d'intervention des services de secours.

Air France Industries, à Toulouse

OCCITANIE Rail Tour

Riche d'une exceptionnelle diversité, la destination Occitanie Sud de France est une invitation permanente aux voyages et tout particulièrement aux voyages en train. Au gré des étapes, elle vous dévoile ses trésors. De découvertes insolites en rencontres inattendues, d'expériences inédites en instants de convivialité, goûtez au plaisir d'un tourisme responsable, porteur de sens et de valeurs.

L'occasion également de découvrir le savoir-faire régional et la production locale : artisanat, industrie, agro-alimentaire, santé, énergies renouvelables, ... des visites d'entreprises qui vous proposeront une approche durable, locale et différente de la destination Occitanie.

Au bout de la voie, l'Occitanie vous offre de grands moments de liberté et de partage dont vous ressortirez grandis.

Plus d'infos sur **voyage-occitanie.com**

Les voyages qui font grandir.

Occitanie
Sud de France

LA RÉDACTION DU ROUTARD

La saga du *Routard* : en 1971, 2 étudiants, Philippe et Michel, avaient une furieuse envie de découvrir le monde. De retour du Népal germe l'idée d'un guide différent qui regrouperait tuyaux malins et itinéraires sympas, destiné aux jeunes fauchés en quête de liberté. 1973. Après 19 refus d'éditeurs et la faillite de leur 1re maison d'édition, l'aventure commence vraiment avec Hachette. Aujourd'hui, le *Routard*, c'est plus d'une cinquantaine d'enquêteurs impliqués et sincères. Ils parcourent le monde toute l'année dans l'anonymat et s'acharnent à restituer leurs coups de cœur en toute indépendance.

Merci à tous les Routards qui sont solidaires de nos convictions : liberté et indépendance d'esprit ; découverte et partage ; sincérité, tolérance et respect des autres.

NOS SPÉCIALISTES

Emmanuelle Bauquis : les yeux ouverts, les papilles en émoi, elle trace sa route à la semelle de ses souliers, rencontre l'aventure au coin de la rue comme au bout du tarmac. Elle trouve l'ailleurs dans l'écriture comme dans la géographie. À son programme : raconter la beauté des paysages comme des visages, et les épopées qui les ont façonnés.

Véronique de Chardon : de son passé d'historienne, elle a gardé un goût certain pour les musées, qu'elle collectionne au gré de ses voyages, sans oublier de déguster les spécialités locales. Elle aime partager ses coups de cœur avec humeur et humour, et entraîne aussi le *Routard* à découvrir les terroirs français, toujours gourmande de nouveaux paysages.

UN GRAND MERCI À NOS AMI(E)S SUR PLACE

Pour cette nouvelle édition, nous remercions particulièrement :

- **Zoé Danner, Jeanne Debats** et **Julie Coupet,** pour leur intelligence et leur persévérance.
- **Pierre-René Bauquis,** conseiller énergéticien.
- **Entreprise et Découverte** remercie **l'ensemble de ses partenaires et ses adhérents,** impliqués dans le développement de la filière.
- L'association remercie également toutes les personnes qui ont contribué à la réalisation de ce guide : **Cécile Pierre,** déléguée générale de l'association, **Luc Fauchois,** président, **Marie Cario,** responsable animation, **Pauline Aubeleau,** chargée de développement, et **Célia Belradjaa,** animation et communication.
- Tous nos remerciements **aux auteurs** du Guide et aux éditions Hachette, pour cette nouvelle collaboration !

DU CÔTÉ D'HACHETTE-LIVRE

Direction : Sidonie Chollet

Direction éditoriale : Élise Ernest

Édition : Clara Didier et Lucie Léna

Cartographie : Frédéric Clémençon et Aurélie Huot

Fabrication : Nathalie Lautout, Liza Sacco et Aude Cauchet

Relations presse : Rachida Mazef

Contact Partenariats : Jérôme Denoix • jeromedenoix@gmail.com •

Silhouette du Routard : Clément Gloaguen (d'après Solé) ; **couverture :** le-bureau-des-affaires-graphiques.com ; **maquette intérieure :** le-bureau-des-affaires-graphiques.com, Thibault Reumaux et npeg.fr

Pictogrammes du *Routard*

- Présente un intérêt touristique
- Adapté aux personnes handicapées

Musée de Millau et des Grands Causses, dans l'Aveyron

© SPANI Arnaud Xemis.fr

L'atelier de la Manufacture Nationale de tapis, à Lodève

Des individus, des savoir-faire, de la persévérance, du hasard et de la résilience parfois. Les amateurs de tourisme d'entreprises le savent bien : partir à la découverte du patrimoine économique d'un territoire, c'est faire un formidable voyage à la rencontre de femmes et d'hommes aux parcours d'exception. C'est aussi remonter le temps ou faire un bond en avant dans des territoires aux innombrables promesses. C'est comprendre les interactions entre les spécificités d'un terroir, ses habitants, la technologie, l'innovation, les petites histoires et la grande Histoire.

En Occitanie, le tourisme économique est au reflet d'une région immensément variée et créative, la 2e plus grande région de France. Il offre à chacun la possibilité de nourrir sa curiosité quels que soient ses centres d'intérêt. Des géants de l'industrie mondiale aux conservateurs de savoir-faire ancestraux, les entreprises régionales sont nombreuses à ouvrir leurs portes. Beaucoup se sont investies pour apposer sur leurs frontons des marques et des labels qui vous permettront de bien les identifier. Je pense notamment aux ***Entreprises du Patrimoine Vivant, France savoir-faire d'excellence,*** la signature régionale ***Fabriqué en Occitanie*** et la marque ***Sud de France l'Occitanie.***

Les pages qui suivent vous offrent d'innombrables idées de balades sur le littoral méditerranéen, la chaîne pyrénéenne, le bassin de la Garonne et le Massif central. Vous y découvrirez un formidable – et inépuisable – itinéraire Vélo & Fromages et des randonnées œnologiques inoubliables. La route de l'artisanat des métiers d'art en Occitanie et celle des matières ou des énergies vous raviront à coup sûr et vous emmèneront dans des ateliers de travail du cuir, du bois, au cœur d'une centrale hydroélectrique ou au pied de lacs et de barrages. Tout un programme !

Le tourisme économique est une part grandissante du tourisme en Occitanie qui, dans sa globalité emploie plus de 120 000 personnes et représente 10 % du PIB régional, avec une 1re place du podium français pour le nombre de sites classés par l'Unesco mais aussi 7 parcs naturels régionaux, 2 parcs nationaux, 9 villages classés « Plus Beaux Villages de France » et 200 km de côtes époustouflantes.

Je remercie le *Guide du Routard* des entreprises pour la sélection méticuleuse qui nous est ici proposée ainsi que l'agence AD'OCC pour sa participation et souhaite à chacun des lecteurs de ce guide de formidables découvertes ainsi que des moments de convivialité et d'échanges.

Carole Delga
Présidente de la Région Occitanie / Pyrénées-Méditerranée
Présidente d'AD'OCC

La visite d'entreprises a le vent en poupe en Occitanie : 1 500 000 visiteurs sont allés fureter dans 192 entreprises en 2020 ! Le signe d'une ***véritable volonté d'ouverture de la part des entreprises,*** et d'une ***curiosité toujours plus vive de la part du public.*** On y perçoit la volonté croissante de sourcer les produits, d'en savoir plus sur les conditions de fabrication, sur les plans techniques comme éthiques et environnementaux ; la preuve d'une conscience aigüe des modes de production, salvatrice face aux défis de notre époque.

Une conscience qui peut s'allier, une fois la conviction emportée, avec le plaisir de bien consommer, comme l'ont compris les acteurs marchands : 4 entreprises sur 5 ont aménagé une boutique en fin de parcours.

Cette curiosité peut aussi aller au-delà de cette légitime exigence politique, en s'inscrivant dans une histoire partagée, dans l'identité d'un territoire construite au fil du temps par sa géographie physique comme humaine. Ainsi, plus de la moitié des entreprises visitées ont plus de 50 ans d'âge, inscrivant dans la durée les transformations qu'elles opèrent sur les fruits du terroir.

© COLIN Matthieu / hemis.fr

Salins du Midi, à Aigues-Mortes

Car c'est bien souvent la ***transformation de ressources locales*** qui est en jeu : le sel de la Méditerranée dans les salins, les vignes dans les apéritifs aux recettes presque secrètes et les vins empreints d'un ensoleillement maximal, les olives chez les producteurs d'huile, le lait des brebis dans le roquefort, les peaux des troupeaux dans le travail du cuir… Paysannerie, artisanat, métiers d'art nobles et anciens mais pleinement actuels dans leurs réalisations. Et à côté, des pépites industrielles telles que l'aéronautique dans la région de Toulouse ou l'exploitation de l'énergie hydraulique le long des cours d'eau.

Ainsi, de la ferme animalière aux industries de pointe, de bons produits en beaux objets, l'Occitanie offre un ***vaste panel de savoir-faire*** appliqué à des matières premières de proximité. De la qualité à tous les étages, dans la fabrication comme dans la transmission. N'hésitez plus, lancez-vous à la découverte des entreprises ouvertes à la visite !

Philippe Gloaguen
Directeur du Guide du Routard

L'Occitanie ? Un nom qui fleure une multitude de sensations, des plages lumineuses de Méditerranée aux vivifiantes montagnes des Pyrénées, des fertiles collines du bassin de la Garonne à l'austère beauté des causses du Massif central… Cette vaste région, ***2e de France par la taille,*** née de la fusion des régions Midi-Pyrénées (qui correspondait approximativement à ce que l'on appelait le Bas-Languedoc autrefois) et Languedoc-Roussillon (Haut-Languedoc), présente toute une palette de paysages et de terroirs. Des conditions favorables à une économie diversifiée.

L'***agriculture, en particulier bio,*** se taille la part du lion. L'***industrie*** profite de la présence de ***fleurons nationaux*** de l'aéronautique. Le tertiaire n'est pas en reste, en particulier grâce au ***tourisme,*** qui s'appuie sur cette diversité territoriale mais également sur une richesse patrimoniale et naturelle des plus généreuses : villages médiévaux de charme, villes qui brillent tant par leur audace contemporaine que par leurs prestigieux témoignages historiques, parcs naturels préservant faune et flore, gorges et falaises, se prêtant à toutes sortes de loisirs échappant aux sentiers balisés du quotidien… Un cadre idéal, donc, pour se livrer à la visite d'entreprises, véritable tourisme économique qui permet de comprendre en profondeur une région en observant ses acteurs à l'œuvre, en admirant ses savoir-faire en situation, en comprenant le lien entre les activités et leur environnement, dans des cadres aussi variés qu'attirants.

ABC de l'Occitanie

- ***Superficie :*** 72 724 km² (13 départements) ; 2e région de France par la taille.
- ***13 départements :*** Ariège (09), Aude (11), Aveyron (12), Gard (30), Haute-Garonne (31), Gers (32), Hérault (34), Lot (46), Lozère (48), Hautes-Pyrénées (65), Pyrénées-Orientales (66), Tarn (81), Tarn-et-Garonne (82).
- ***Préfecture régionale :*** Toulouse.
- ***Population :*** env. 5 900 000 hab., 4e région la plus peuplée de France.
- ***PIB :*** 173,5 milliards d'euros (2018), 4e région créatrice de richesse en France (7,5 % du PIB national).
- ***Export :*** 5e région française exportatrice (env. 10 % agricole et agroalimentaire).
- ***Agriculture :*** 2e région française en nombre d'emplois agricoles ; 1re région de France en termes d'agriculture biologique, en surface et en nombre d'agriculteurs.
- ***Énergie :*** 2e de France pour la production d'électricité renouvelable.
- ***R&D :*** 1re région de France en investissement R&D (3,5 % du PIB régional consacré à la recherche).
- ***Tourisme :*** 10 % du PIB régional ; 100 000 emplois ; 1re région en en nombre de sites classés Unesco ; 9 « Plus Beaux Villages de France » ; 7 parcs naturels régionaux, 2 parcs nationaux (Cévennes et Pyrénées) ; 200 km de côtes ; 1re région thermale (183 000 curistes en 2019).

Ateliers Fourès, à Graulhet

QUEL CONTEXTE ÉCONOMIQUE RÉGIONAL ?

Une agriculture dynamique

2e région agricole de France en termes d'emploi, l'Occitanie profite de la diversité de ses terroirs pour s'illustrer dans tous les secteurs de l'agriculture et de l'élevage. Les ***grandes cultures*** (céréales, oléagineux...), les ***vergers*** ou le ***maraîchage*** concernent plutôt les territoires de basse altitude, aux reliefs modérément escarpés et aux sols fertiles. La ***vigne*** colonise les coteaux calcaires les mieux ensoleillés et façonne les paysages sur plus de 270000 hectares (1re région productrice de France). L'Occitanie est le 1er vignoble mondial pour les vins AOP et l'IGP. Elle totalise 5,7 % de la production mondiale. Les ***vins*** protégés par 77 AOC et 33 IGP sont ici légion : minervois, fitou, faugères, pays d'oc, côtes du Roussillon, gaillac, madiran, cahors, tavel... Quant à l'***armagnac,*** sang doré de la terre gersoise, il fait figure de bouquet final lors des meilleurs repas gastronomiques sur toutes les tables de la planète.

L'***élevage*** est un autre pilier essentiel de l'activité agricole. Le département du Lot fournit à lui seul un million d'oies et de canards gras par an ! L'Aveyron est pour sa part réputé pour ses troupeaux de bovins de race Aubrac. Chaque été enfin, des dizaines de milliers d'ovins et de caprins entreprennent une transhumance pour gagner les estives des Pyrénées, les pentes du mont Lozère ou les vastes étendues des Causses.

Enfin, l'Occitanie montre le chemin de l'avenir par l'importance de sa ***filière bio.*** Elle représente plus de 9400 exploitations, labellisées ou en conversion (soit ¼ du total français), pour 15 % des surfaces agricoles utiles, ce qui la place sur la 1re marche du podium national.

Nombre de ces exploitations agricoles se prêtent à la visite, avec une qualité précieuse : elles présentent souvent un ***processus de production complet,*** de la vigne à la bouteille, de l'olivier au bidon d'huile, de l'herbage au fromage, de l'oie sur ses pattes au bocal de foie gras. Complet et satisfaisant pour l'esprit, mais aussi plus intéressant et plus concret pour des plus jeunes qu'un procédé morcelé. Et un bouquet final imbattable : ***la dégustation !***

Du géant industriel à l'artisanat de qualité

Le long de l'axe ***Muret-Toulouse-Montauban*** se sont implantées des entreprises industrielles de pointe. La métropole toulousaine, notamment, présente plusieurs fleurons, en tête desquels figurent le ***CNES (Centre national d'études spatiales)*** et ***Airbus Industrie,*** avec les chaînes d'assemblage des A320, A330 et A350 XWB. Au total, le secteur aéronautique représente 86000 emplois directs.

Du côté des énergies renouvelables, l'Occitanie a à la fois des atouts et des ambitions. Elle vise à augmenter de 150 % la production d'énergies renouvelables d'ici à 2050 et devenir ainsi la 1re région à énergie positive d'Europe. Les vents locaux (tramontane, autan, marin...) font tourner plusieurs ***parcs éoliens,*** principalement concentrés dans l'Aveyron, le Tarn, l'Hérault et surtout l'Aude, département qui compte à lui seul près de 40 % de toutes les éoliennes recensées.

Autre piste intéressante, l'***énergie solaire*** connaît un développement considérable depuis quelques années. Des projets divers voient le jour dans le Gers, le Tarn, l'Aude... Une ancienne décharge située aux portes de Nîmes a ainsi récemment été reconvertie en centrale photovoltaïque : 11000 panneaux assurent l'approvisionnement annuel d'environ 3300 personnes. À Gramat (Lot), également à l'emplacement d'une ancienne décharge, 11520 panneaux doivent alimenter 2900 personnes.

La palme de l'originalité revient à la « route solaire » de la commune de Labège, près de Toulouse ! Si l'expérience s'avère concluante, elle pourrait s'étendre à l'avenir à d'autres axes. Enfin, la ***géothermie*** (captation de la chaleur des sols ou

Poterie Not Frères, à Mas-Saintes-Puelles

pompage d'eaux naturellement chaudes) présente des perspectives de développement des plus prometteuses.
Quant aux cours d'eau, que ce soit sur la Truyère, le Lot ou la Garonne, ils fournissent depuis longtemps la précieuse « houille blanche », l'***énergie hydraulique*** transformée en électricité à l'aide des barrages et centrales hydroélectriques qui y sont liées. D'une pierre deux coups : les lacs de barrage constituent de véritables outils d'aménagement du territoire, une précieuse offre de loisirs ***outdoor,*** en même temps, bien sûr, que l'électricité alimente foyers, fermes et fabriques. EDF, champion national du secteur, allie production et pédagogie à travers des expositions in situ, dessinant de véritables routes de l'énergie, soulignant la logique qui unit les différents sites.

OCCITANIE, 1RE RÉGION D'EUROPE À ÉNERGIE POSITIVE EN 2050

Le scénario de transformation radicale est déjà en marche : en 2050, les productions en **énergies renouvelables** en région Occitanie seront supérieures aux consommations énergétiques. Pour devenir la 1re région française à énergie positive, l'Occitanie implique, depuis 2016, tous les acteurs (citoyens, élus, partenaires publics, entreprises) dans un double mouvement de sobriété énergétique et de mise en œuvre de solutions de productions vertes. Une démarche de développement durable qui lie les enjeux écologiques et sociétaux aux intérêts économiques, dans les domaines de l'hydraulique, du photovoltaïque, de l'éolien, de la biomasse et de l'hydrogène. Terre d'innovation, l'Occitanie a été choisie pour accueillir 2 des 4 premières fermes éoliennes en mer de France. Aménagées autour d'infrastructures spécifiques à Port-La-Nouvelle, port de la transition énergétique d'Occitanie, ces fermes éoliennes vont entrer en phase d'expérimentation.

Et à côté de ces géants, la région est riche d'un ***tissu artisanal dynamique,*** gardien de traditions ancestrales tout en sachant s'adapter aux exigences modernes. Citons comme un symbole les couteliers du village aveyronnais de ***Laguiole,*** qui produisent depuis des générations des lames effilées estampillées d'une célèbre petite abeille. Mais aussi la réhabilitation du ***papier fait à la main,*** le travail du ***cuir***

AD'OCC, L'AGENCE DE TOUS LES POTENTIELS ÉCONOMIQUES

AD'OCC est l'agence de développement économique de la Région Occitanie. Une équipe de 180 personnes déploie ses services au plus près des teritoires pour accélérer la transformation de notre modèle économique. AD'OCC a pour ambition de transformer durablement des secteurs clés de l'économie régionale (énergie, aéronautique, numérique, agroalimentaire, santé, littoral, etc.) par l'innovation et l'investissement industriels. Cet accompagnement stratégique des entreprises vise à positionner l'Occitanie en leader de l'économie de demain, pour générer les emplois de ses habitants et garantir la souveraineté économique de l'Occitanie.
Avec cet objectif, l'agence propose une offre de services à la carte : AD'OCC 360°. Il s'agit d'un programme d'actions (310 événements en Occitanie, 85 événements en France ou à l'international) adapté aux besoins des chefs d'entreprise du territoire. Il comprend 4 volets :
- trouver le bon financement ;
- oser l'export ;
- miser sur l'innovation ;
- réussir l'implantation de son entreprise.

4 898 entreprises d'Occitanie ont déjà bénéficié d'un service AD'OCC. À chaque étape de leur vie – création, implantation, innovation, croissance, financement, export, transmission/reprise –, l'agence AD'OCC répond aux besoins des entreprises, et ce quels que soient leur taille, leur localisation régionale, leur secteur d'activité.

Maison Fabre, à Millau

perpétuant la tradition en l'actualisant, l'extraction du ***marbre*** – un combat titanesque grandeur nature –, ainsi que, à l'autre extrémité de l'échelle, la ***distillation*** goutte à goutte d'huiles essentielles à partir de fleurs… Ce coup de projecteur sur les matériaux et les objets rend intelligible le quotidien, en particulier les objets aussi personnels qu'un sac à main ou un couteau.

Le tourisme, un des moteurs économiques de la région

En visitant l'Occitanie et ses entreprises, en découvrant sa palette œnologique et gastronomique, ses industries de pointe comme son artisanat de qualité, vous réconcilierez ***vacances et apprentissage,*** vous marierez les plaisirs de l'esprit et des sens. En effet, ces visites s'inscrivent dans un cadre qui multiplie les attraits. L'été, on prend la direction du ***littoral méditerranéen,*** qui, de Banyuls au Grau-du-Roi, possède toutes les infrastructures pour les accueillir. L'***arrière-pays*** tire aussi son épingle du jeu grâce à un patrimoine architectural exceptionnel et une diversité naturelle attractive. Bref, il y en a pour les amateurs de vieilles pierres comme de grands espaces. L'hiver, direction les ***Pyrénées*** avec des ***stations de ski*** comme Grand Tourmalet, Ax 3 Domaines, Font-Romeu, Camurac, ou la Lozère avec Le Bleymard – Mont-Lozère, Prat Peyrot – Mont-Aigoual…

LA DESTINATION OCCITANIE / SUD DE FRANCE

Si belle, si grande et si variée, la destination Occitanie / Sud de France, partagée en 4 univers (montagne, mer, campagne, ville), propose une collection des ***41 Grands Sites Occitanie / Sud de France.*** Elle est une invitation permanente aux voyages et tout particulièrement aux voyages en train. Elle est la destination aux 1 001 festivals : grandes fêtes populaires ou rendez-vous intimistes, ils font vibrer l'Occitanie d'un bout à l'autre, dans le décor superbe des paysages ou des hauts lieux du patrimoine régional.

La région Occitanie a déployé à l'échelle régionale le ***label Qualité Tourisme Occitanie / Sud de France*** pour orienter le tourisme régional vers un tourisme authentique, responsable et solidaire, reposant sur l'hospitalité et l'accueil, dans le respect de celles et ceux qui vivent sur place. Avec plus de 1 422 établissements labellisés, l'Occitanie a déjà la capacité de répondre aux préoccupations actuelles des voyageurs, à la recherche d'expériences riches, uniques, inédites, qui donnent un sens au voyage et où l'immersion dans la culture locale devient un gage d'authenticité.

COMMENT S'ORIENTER DANS LA RÉGION ?

Ça y est, vous êtes conquis ? Vous avez mis la clé dans le contact, le pied sur la pédale ? Mais devant une telle profusion de possibilités, par où commencer ? Vous interrogez-vous encore ? 4 ensembles géographiques se dessinent, avec lesquels vous présenterez plus ou moins d'affinité : le littoral méditerranéen, la chaîne pyrénéenne, le bassin de la Garonne, le Massif central.

Le littoral méditerranéen

Depuis le ***cap Cerbère,*** situé à la frontière franco-espagnole, jusqu'au Petit-Rhône, aux portes de la ***Camargue,*** on compte pas moins de 220 km de côtes rocheuses ou sablonneuses donnant directement sur le ***golfe du Lion.*** Les noms des différentes communes littorales fleurent bon le sable chaud et les joies des bains de mer : Argelès-Plage, Canet-Plage, le cap d'Agde, Sète, Palavas-les-Flots, La Grande-Motte, Le Grau-du-Roi… Le trait de côte est bordé de plusieurs étangs lagunaires : ***étangs de Leucate, de Bages et de Sigean, de Mauguio…*** Avec une superficie de 7 500 ha, l'***étang de Thau*** est le plan d'eau le plus étendu de toute l'Occitanie.

La vallée du Rhône marque la frontière orientale de la région. Sur le littoral méditerranéen, on découvre caves de Banyuls, fabricants d'apéritifs, exploitations ostréicoles…

La chaîne pyrénéenne

Les Pyrénées s'annoncent par un ***piémont*** composé de reliefs complexes, enchevêtrement de collines, de petits massifs aux sommets modestes (Plantaurel, Petites-Pyrénées) et de vallées parfois larges et profondes. Tout cela compose des paysages où se mêlent espaces boisés, pâturages et champs, donnant tantôt une impression d'ouverture infinie, tantôt une sensation feutrée, presque intime. Puis on pénètre dans le ***cœur du massif*** proprement dit en empruntant les multiples ***vallées*** encaissées (Biros, Bethmale, Cauterets, Luz-Gavarnie…) qui s'y enfoncent. Elles s'achèvent généralement en cul-de-sac, au pied de montagnes infranchissables ou dans des cirques glaciaires, comme le majestueux ***cirque de Gavarnie.*** Végétation et cadre évoluent en fonction de l'altitude : la forêt des fonds de vallées laisse progressivement la place aux estives, des pâturages montagnards vers lesquels grimpent les troupeaux de moutons à la belle saison.
Plus haut encore, ces herbages s'estompent au profit d'un décor chaotique de monts rocheux : ***pic du Canigou*** (2784 m), ***pic du Midi de Bigorre*** (coiffé de son fameux observatoire astronomique, perché à 2876 m), ***pic de Vignemale*** (plus haut sommet des Pyrénées françaises, à 3298 m). Un cadre qui se prête idéalement à la découverte des produits de l'élevage : viande, laitage, mais aussi laine et même corne ! Des chevaux aux biquettes (angora, tout de même), en passant par vaches, veaux, moutons, on y fréquente tout un éventail de mammifères quadrupèdes domestiques. Quant aux ruisseaux, rivières et fleuves dévalant des Pyrénées, ils alimentent d'intéressantes centrales hydroélectriques.

Le bassin de la Garonne

Coincé entre Pyrénées et Massif central, ce bassin sédimentaire est constellé de collines et de coteaux encadrant les plaines formées le long des vallées de la ***Garonne*** et de l'***Adour.*** Les cours d'eau rageurs dévalant des montagnes s'assagissent dans cet environnement moins tourmenté et se marient les uns aux autres. La Garonne, colonne vertébrale de la région, irrigue une plaine fertile où prospèrent fleurs et plantes à vocation industrielle, du pastel d'autrefois aux plantes médicinales d'aujourd'hui en passant par la lavande du Quercy. Mais la star œnologique de la région reste l'armagnac et, en gastronomie, le foie gras. Enfin, Toulouse avec son pôle aéronautique constitue le fleuron des visites industrielles de la zone.

Le Massif central

Sur ce vaste socle de moyenne altitude, Dame Nature a forgé d'incomparables paysages. Le ***Rouergue*** se distingue par son relief tourmenté et ses vallées profondes, quand l'***Aubrac*** est un immense plateau volcanique. Les causses sont pour leur part des plateaux calcaires : si les ***Causses du Quercy*** (causses de Gramat, de Martel, de Limogne…) restent d'altitude modérée (de 200 à 400 m), les ***Grands Causses*** (causses de Sauveterre, du Larzac, de Séverac, de Mende, Méjean, Noir, Comtal…) dépassent pour certains allègrement les 1000 m. Ces Grands Causses sont notamment entaillés par les splendides ***gorges du Tarn, de la Jonte et de la Dourbie.*** Plus à l'est, les ***Cévennes*** forment un massif schisteux aux vallées encaissées et aux lignes de crêtes déchirées, parcourues de traits d'eaux vives, dans un cadre très largement forestier. Avec ses 1699 m, le ***mont Lozère*** en est le point le plus haut. Un cadre où l'on doit tout à la nature, et où l'on sait en tirer le meilleur parti : la truffe constitue le diamant noir de la zone. L'élevage se décline en fromageries, en particulier de roquefort, mais aussi en travail du cuir, en particulier en ganterie. Et c'est le berceau des célèbres et divers couteaux de Laguiole !

CANTAL
(15)
Aurillac
Chaudes-Aigues
Aumont-Aubrac
Laguiole
Souillac
Figeac
Espalion
LOT
(46)
Cahors
AVEYRON
(12)
Rodez
TARN-ET-GARONNE
(82)
Montauban
Albi
Parc naturel régional des Grands Causses
TARN
(81)
Lacaune
Lodève
Manufacture nationale de tapis de la Savonnerie
Castres
HÉRAULT (34)
Toulouse
Brousses-et-Villaret
Le moulin à papier de Brousses
Pézenas
Les Berlingots de Pézenas
HAUTE-GARONNE
(31)
Canal du Midi
Montolieu
Musée des Arts et Métiers du Livre
Caunes-Minervois
Safari marbre
Bize-Minervois
L'Oulibo
Béziers
Coursan
Mas-Saintes-Puelles
Poterie Not Frères
Castelnaudary
Maison Escudier
Granhota, l'Atelier du Vinaigre
Montredon-des-Corbières
Les chocolatiers cathares
Narbonne
CARCASSONNE
Luc-sur-Orbieu
Château de Luc
Lagrasse
Vinaigrerie Cyril Codina
Pamiers
Limoux
Maison Guinot
Montséret
La miellerie des Clauses
Gruissan
Salin de l'île Saint-Martin
Talairan
St-Polycarpe
Le sentier des orchidées-Chemin des Planètes
Domaine de Baronarques
Foix
La Palme
Le Salin de La Palme
AUDE (11)
ARIÈGE
(09)
Tautavel
Port-Barcarès
Maury
Domaine Mas Amiel
PERPIGNAN
Céramiques Sant Vicens
Cabestany
Confiserie du Tech
ANDORRE
Thuir
Les caves Byrrh
Prades
Manufacture du Grenat
Argelès-sur-Mer
Brasserie-distillerie Cap d'Ona
Targassonne
Thémis Solaire Innovation
Llivia
Mont-Louis
Four solaire développement
Collioure
Maison Anchois Roque
Banyuls-sur-Mer
Terre des Templiers
ESPAGNE
PYRÉNÉES-ORIENTALES
(66)

OCCITANIE – LITTORAL MÉDITERRANÉEN

NORD
LANDES (40)
LOT-ET-GARONNE (47)
GERS (32)
HAUTES-PYRÉNÉES (65)
HAUTE-GARONNE (31)
PYRÉNÉES ATLANTIQUES (64)
ESPAGNE
Touffailles
La ferme de Lacontal
Lauzerte
Agen
Donzac
La Cave des vignerons de Brulhois
Golfech
Centrale hydraulique EDF
Dunes
Flamarens
Castelsarrasin
La Romieu
Condom
Maison Aurian
Musée de l'armagnac
Lectoure
Domaine d'Arton
Larrazet
Estang
Cassaigne
Château de Cassaigne
St-Clar
Courrensan
Armagnac Veuve Goudoulin
Valence-sur-Baïse
Fleurance
Ethiquable
Lannepax
Armagnac Delord
Nogaro
Demu
Maison Ramajo Conserverie
Mauvezin
Laréole
Cologne
Aignan
Saint-Mont
Plaimont
Riscle
AUCH
Gimont
Maumusson
Château Lafitte-Teston
Bassoues
Montesquiou
Soublecause
Le domaine Pichard
Marciac
Mirande
St-Lys
Miélan
Simorre
Lombez
Rieumes
Pau
TARBES
Haras national de Tarbes
Aurignac
Martres-T.
St-Martory
Montgaillard
Biscuiterie Védère
Lannemezan
Mauvezin
Le moulin de la Ribère
Ausson
Chocolaterie Dardenne
Bagnères-de-Bigorre
Muséum du Marbre et musé um du Salut
Beaudéan
Vie d'estive
Lombrès
Lou Lombrès
Argelès-Gazost
Génos
Cité des abeilles
St-Lizier
St-Girons
Pyrénées fils et Laines
Sarrancolin
Barèges
Arreau
St-Béat-Lez
Cauterets
Col du Tourmalet
Luz-St-Sauveur
St-Lary-Soulan
La Vignécoise-Maison Coustalat
Centrale hydraulique EDF
Gèdre
Centrale hydraulique de Pragnères
Oô
Pesca d'Oô
Luchon (Bagnères-de-Luchon)
A 62
E 72
A 65
A 64
E 80
N 21
N 124
D 911
D 932
D 933
D 655
D 813
D 953
D 931
D 930
D 654
D 928
D 30
D 6
D 924
D 20
D 936
D 935
D 939
D 3
D 943
D 12
D 634
D 929
D 127
D 27
D 28
D 17
D 632
D 635
D 5
D 817
D 938
D 918
D 921
D 618
D 33
D 117
D 627
Gèdre — commune présentant une entreprise ouverte à la visite
Plaimont — entreprise ouverte à la visite
Arreau — Repères

OCCITANIE – CHAÎNE PYRÉNÉENNE ET BASSIN DE LA GARONNE

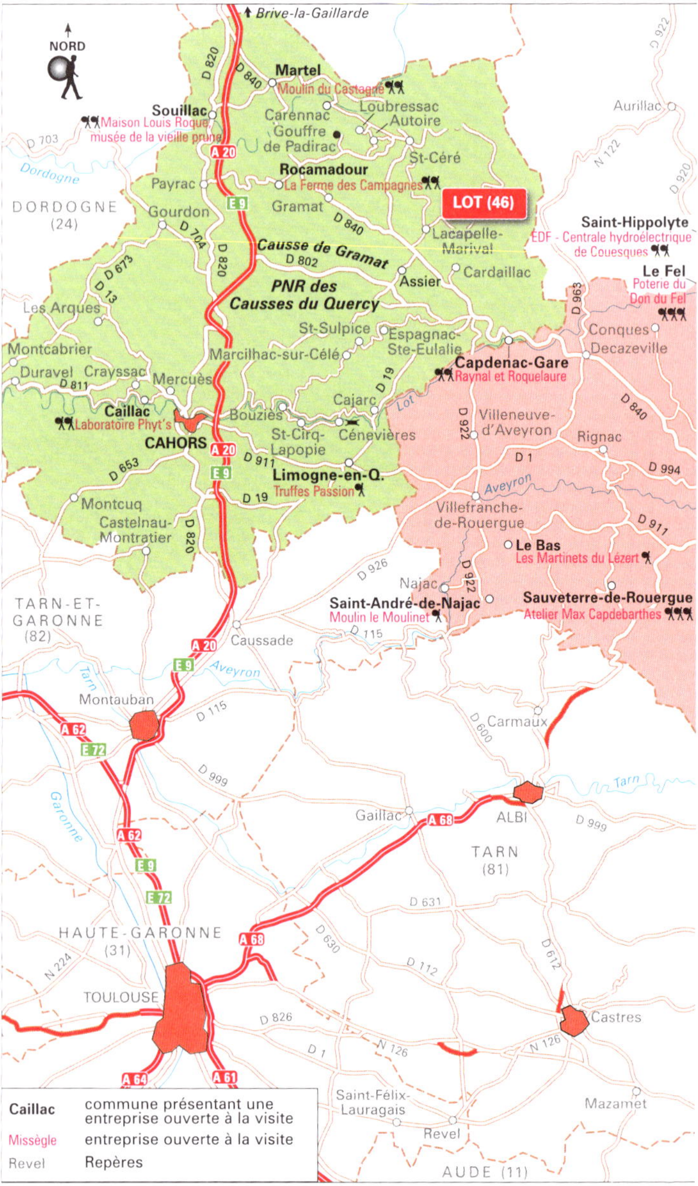

Brive-la-Gaillarde
NORD
Martel
Moulin du Castagné
Souillac
Maison Louis Roque, musée de la vieille prune
Carennac
Loubressac
Autoire
Gouffre de Padirac
St-Céré
Rocamadour
La Ferme des Campagnes
Payrac
Gramat
LOT (46)
DORDOGNE (24)
Gourdon
Lacapelle-Marival
Saint-Hippolyte
EDF - Centrale hydroélectrique de Couesques
Causse de Gramat
Assier
Cardaillac
Le Fel
Poterie du Don du Fel
PNR des Causses du Quercy
Les Arques
St-Sulpice
Espagnac-Ste-Eulalie
Conques
Decazeville
Montcabrier
Marcilhac-sur-Célé
Capdenac-Gare
Raynal et Roquelaure
Duravel
Crayssac
Mercuès
Cajarc
Caillac
Laboratoire Phyt's
Bouziès
Villeneuve-d'Aveyron
CAHORS
St-Cirq-Lapopie
Cénevières
Rignac
Limogne-en-Q.
Truffes Passion
Montcuq
Castelnau-Montratier
Villefranche-de-Rouergue
Aveyron
Le Bas
Les Martinets du Lézert
Najac
Saint-André-de-Najac
Moulin le Moulinet
Sauveterre-de-Rouergue
Atelier Max Capdebarthes
TARN-ET-GARONNE (82)
Caussade
Montauban
Carmaux
Aurillac
Dordogne
Lot
Tarn
Garonne
Gaillac
ALBI
TARN (81)
HAUTE-GARONNE (31)
TOULOUSE
Castres
Saint-Félix-Lauragais
Revel
Mazamet
AUDE (11)
A 20
A 62
A 68
A 64
A 61
E 9
E 72
D 703
D 820
D 840
D 704
D 673
D 13
D 802
D 811
D 653
D 911
D 19
D 922
D 963
D 1
D 994
D 926
D 115
D 600
D 999
D 631
D 630
D 112
D 612
D 826
N 126
N 224
N 122
D 920
Caillac — commune présentant une entreprise ouverte à la visite
Missègle — entreprise ouverte à la visite
Revel — Repères

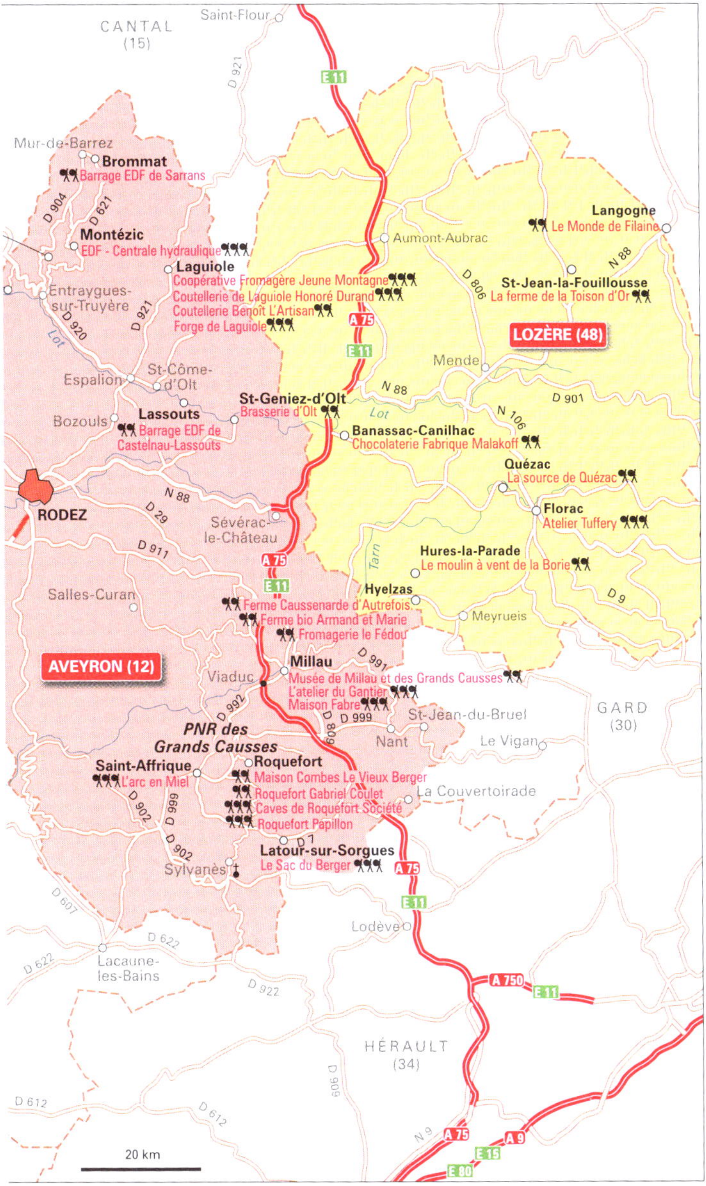

OCCITANIE – BASSIN DE LA GARONNE ET MASSIF CENTRAL

ITINÉRAIRES OCCITANS

Si grande, si belle et si variée, dans son patrimoine naturel et culturel comme dans ses productions, la destination Occitanie / Sud de France est une invitation permanente à la découverte. Les caractéristiques de ses paysages occitans ont engendré une activité économique intimement liée aux différents aspects de ce territoire. On élève les brebis dans les Pyrénées, les moutons ou la vache aubrac sur les causses, les huîtres dans l'étang de Thau. On cultive les haricots, les melons, les pommes, et la vigne qui se décline dans toute une gamme de vins… Le charme des petits villages et la douceur de vivre du Sud incitent des artistes-artisans à s'installer pour y œuvrer, quand des industries traditionnelles se perpétuent et se renouvellent (dans le cuir notamment).

Pour découvrir ces trésors économiques à la racine, des matières aux produits finis en passant par les savoir-faire, il est possible de suivre ***différentes routes thématiques,*** essentiellement organisées autour des thèmes de l'agroalimentaire et de l'artisanat.

ROUTES THÉMATIQUES

Au pays des 365 fromages (au moins), commençons par l'***itinéraire Vélo & Fromages.*** Cette voie verte de 42 km, qui relie Foix à Prat-Bonrepaux, est ponctuée de haltes chez des producteurs ariégeois. C'est l'occasion de visiter des fermes, des caves d'affinage, de rencontrer des crémiers-fromagers et de déguster quelques fromages pour allier effort et réconfort ! • *ariegepyrenees.com/itineraire/itineraire-velo-fromages* •

Le bien boire étant indissociable du bien manger, les itinéraires suivants naviguent sur des mers de vignes. Pour partir à la découverte des paysages viticole et déguster les nectars locaux, rien de mieux qu'une ***œnorando.*** L'Hérault, par exemple, présente une vingtaine de circuits qui réalisent l'alchimie parfaite entre la découverte du patrimoine, des savoir-faire et des plus beaux paysages. Voici l'opportunité d'admirer une vue dégagée sur les *puechs* (montagnes en occitan) et autres monts : Espinouse, Vissou, Saint-Baudille…, de se promener sur les itinéraires surplombant l'étang de Thau, ou encore d'admirer la vue sur l'Hortus et le Pic Saint-Loup. Au total, 24 circuits, dont 5 labellisés Vignobles & Découvertes, avec une soixantaine de caveaux étapes. • *herault-tourisme.com/fr/activites/dans-les-vignes/oenorandos* •

Vous êtes séduit ? Élargissez l'expérience : l'ensemble des ***circuits œnologiques en Occitanie,*** à pied, à vélo/VTT, avec accès possible en train, ou en voiture, s'offre à vous. Ainsi, les héliotropes se lanceront à l'assaut du vignoble du Roussillon, le plus méridional de France, qui jouit en moyenne de 320 jours de soleil par an ! On y observe notamment la production de célèbres vins doux naturels : rivesaltes, banyuls, toute une gamme de muscats… • *roussillon.wine* •

De beaux moments s'offrent également à vous dans les ***vignobles du Languedoc,*** les plus anciens de France (l'implantation des 1res vignes y remonte au Ve s avant J.-C.). Dans cette mosaïque de terroirs entre mer et montagne, des appellations prestigieuses se côtoient : Pic Saint-Loup, Picpoul de Pinet, Terrasses du Larzac, La Clape, Limoux, IGP Pays d'Oc… Cerise sur le raisin, aujourd'hui, la culture en bio ou la conversion au bio se répand comme une traînée de poudre ! • *tourisme-occitanie.com/loisirs/itinerance/fiches-circuits-vignobles* •

Les ***vignobles du Sud-Ouest,*** eux, s'étirent le long des chemins de Saint-Jacques de Compostelle, de la Garonne et du canal des Deux-Mers. Brulhois, madiran, gaillac, cahors, des noms qui résonnent agréablement aux oreilles des œnophiles... mais aussi des AOP moins connues comme le côtes-de-millau, ou des IGP qui se défendent honorablement comme le côtes-de-gascogne ; entre le pont de Valentré dans le Lot et le viaduc de Millau en Aveyron, les cépages s'étagent sur le relief et les vinifications sont amoureusement soignées. Les visites de caves offrent l'occasion d'une dégustation horizontale poussée, d'un apéro dans les vignes... • *vignobles-sudouest.fr* •

Bon plan : le ***Pass Épicurien*** et le ***Pass Brasseur*** permettent de rencontrer les producteurs, de visiter les domaines et donnent accès à des dégustations. Rens : office de tourisme de la Toscane Occitane (entre Toulouse, Montauban et Albi) • *la-toscane-occitane.com* •

Pour qui préfère des plaisirs plus durables, la ***Route de l'artisanat des métiers d'art en Occitanie*** permet de découvrir tout un éventail de métiers et de savoir-faire locaux qui y sont liés. De la céramique à la facture d'instruments, des jouets aux luminaires, du papier à l'orfèvrerie, les secteurs les plus variés sont concernés. En fait, plus de 170 ateliers dans toute l'Occitanie ont été repérés et sont indiqués en ligne sur • *metiersdart-occitanie.com/road.php* • En fonction de vos centres d'intérêt ou de votre localisation, vous pouvez vous concocter un itinéraire sur mesure. Une belle occasion de flâner entre villes et villages de toute beauté !

Plus spécifiquement, l'Aveyron a mis en place une ***Route des matières*** qui relie les sites de fabrication des produits du territoire les plus emblématiques : couteaux de Laguiole, gants de Millau... La pierre, le bois, le fromage apparaissent aussi, à côté du cuir et de l'acier. Prestige oblige, nombre de ces fabriques ouvertes au public sont labellisées Entreprise du Patrimoine Vivant. Une magnifique initiation aux mystères de ce territoire authentique, à la beauté âpre, où rien n'est donné mais tout est à faire. • *tourisme-aveyron.com/fr/diffusio/itineraires-touristiques/sur-la-route-des-matieres* •

LA ROUTE DE L'ÉNERGIE

Mais remontons à la racine de toutes ces activités : elles consomment toutes de l'énergie, en particulier sous sa forme secondaire, l'électricité. L'approvisionnement en énergie constitue donc un sujet de 1re importance pour les amateurs de visite d'entreprises ! En effet, l'essentiel de l'électricité occitane est d'abord de l'hydroélectricité, fondée sur la puissance du courant des eaux. Explorer le domaine de l'hydroélectricité, c'est donc suivre le cours de fleuves et de rivières encaissés dans de vertes vallées, ponctués de ***lacs de barrage*** généralement agrémentés de bases nautiques. L'alliance parfaite entre nature et culture, entre tourisme et visite d'entreprises !

La Route de l'énergie occitane

Le dispositif Route de l'énergie mis en place par les élus locaux (à l'origine, le conseil départemental de l'Aveyron dès 2008) en partenariat avec EDF a justement pour objectifs la valorisation du patrimoine hydroélectrique du territoire et le développement du tourisme industriel dans les vallées du Lot et de son affluent la Truyère. La Route de l'énergie, qui s'étend aujourd'hui du viaduc de Garabit dans le Cantal au barrage de Castelnau-Lassouts en Aveyron, s'articule autour de plusieurs axes : entre Rodez, Aurillac et Mende, une quinzaine de ***centrales hydroélectriques*** EDF et 18 barrages figurent sur son parcours, sur les rivières du Lot, de la Bromme, la Truyère, la Crueize et la Colagne. Les installations accueillent les curieux ; des visites guidées, des événements et des animations sont organisés. Ainsi, des visites guidées sont proposées au sein du site de production hydroélectrique par pompage EDF Montézic, 2e plus puissant en France, et plusieurs points de vue sont créés sur les centrales hydroélectriques d'EDF à Cambeyrac, Moulinet, Couesques et Castelnau-Lassouts. Des points d'information sont également mis en place, notamment au niveau du site de production de Truyère de Couesques. Et un belvédère a été installé au-dessus du barrage et de la centrale de Sarrans.

L'hydroélectricité et la transition énergétique

L'ÉNERGIE HYDROÉLECTRIQUE, COMMENT ÇA MARCHE ?

Cette énergie est produite grâce à la force de l'eau : on convertit l'énergie cinétique du courant (naturel ou généré par différents niveaux) en énergie mécanique via une turbine, puis en électricité par le biais d'un alternateur. Autrefois, les moulins à eau remplissaient ce rôle. Mais, au XIXe s, la turbine remplace la roue, les 1ers barrages apparaissent. Les usines peuvent enfin s'éloigner des rivières, et les rejets polluants n'y sont plus déversés directement.
Aujourd'hui, il existe 4 types de centrales hydroélectriques :
– celles ***au fil de l'eau*** se servent du débit du cours d'eau ; leur énergie est directement injectée dans le réseau ;
– les centrales ***éclusées*** utilisent des barrages pour provoquer des chutes d'eau sans perturber la vallée ;
– les ***centrales-lacs*** fonctionnent à l'aide de barrages plus importants afin de répondre aux besoins provoqués par les pics de consommation ;
– les ***stations de transfert d'énergie par pompage (STEP)*** permettent le stockage de l'énergie électrique.

L'énergie hydraulique revêt une importance fondamentale : elle représente actuellement la 3e source de production électrique au monde derrière le charbon et le gaz, donc la plus importante des énergies renouvelables (sa production n'émet pas de gaz à effet de serre). En France, elle a la même importance ; représentant 11 % de la production nationale d'électricité, c'est la 1re énergie renouvelable française, avec derrière elle l'éolien (6 %), le solaire (2 %) et les bioénergies (les énergies renouvelables sont à la source de 20 % de la production électrique française en 2019).

L'Occitanie fournit à elle seule ***17 % de l'hydroélectricité française.*** Sur son parc hydroélectrique de 890 millions de m³, 638 millions de m³ de volume mobilisable sont stockés au niveau du bassin du Lot !

La transition énergétique en cours, destinée à diminuer l'utilisation d'énergies fossiles (émettrices de gaz à effet de serre), donne tout son lustre à l'énergie hydroélectrique. Mais elle doit tenir compte de ses propres enjeux environnementaux. Ainsi, il est primordial de maintenir les cours d'eau à un certain débit afin de garantir les conditions nécessaires au développement de la vie aquatique. La protection de l'environnement qui accompagne une bonne gestion de l'énergie hydroélectrique est un atout touristique intéressant ! C'est donc dans un ***environnement protégé et préservé*** qu'on découvrira les ressorts de cette source d'énergie encore pleine d'avenir.

LABELS ET MARQUES

LES MARQUES ET LABELS NATIONAUX

Entreprises du Patrimoine Vivant : label national permettant de distinguer des entreprises françaises aux savoir-faire artisanaux et industriels d'excellence. 117 entreprises ont le label en Occitanie. • *epvoccitanie.com* •

France savoir-faire d'excellence : marque Entreprise et Découverte rassemblant les entreprises remarquables en capacité d'accueillir les publics étrangers.

Qualité Tourisme : marque nationale assurant le fait que des démarches qualité ont été engagées en vue d'améliorer l'activité de visite d'entreprise et la réception des clients. • *qualite-tourisme.gouv.fr* • *qualite-tourisme-occitanie.fr* •

Sites Remarquables du Goût : label national qui distingue des territoires, berceaux d'une production emblématique, associés à un patrimoine, à une culture et à un environnement exceptionnel • *sites-remarquables-du-gout.fr* •

Vignobles & Découvertes : label décerné après recommandation du conseil supérieur de l'œnotourisme à une destination à vocation touristique et viticole proposant une offre de produits touristiques multiples et complémentaires (hébergement, restauration, visite de cave et dégustation, musée, événement…) • *atout-france.fr/services/le-label-vignobles-decouvertes* •

LES MARQUES LOCALES

Fabriqué en Occitanie : distingue les entreprises de la région Occitanie et leur savoir-faire (hors alimentaire et vin), engagées pour l'économie régionale et la responsabilité environnementale. La signature régionale « Fabriqué en Occitanie » valorise et promeut les circuits courts. Elle s'adresse à 4 grands secteurs bien représentés en Occitanie : santé, beauté et bien-être ; mode et accessoires ; maison, déco et bricolage, ainsi qu'artisanat d'art. Les entreprises bénéficiaires de la signature doivent disposer de savoir-faire particuliers, présenter un caractère régional lié au patrimoine, à l'histoire de la région ou innovant, s'engager dans la lutte contre le réchauffement climatique et l'émergence de nouveaux modèles de consommation. • *fabrique-en-occitanie.fr* •

Sud de France l'Occitanie : l'objectif est de participer au développement de l'économie régionale et d'agir pour améliorer le revenu des agriculteurs, en valorisant leurs produits. Sud de France, c'est la marque des produits agroalimentaires et viticoles de la région Occitanie. Elle garantit leur origine et leur élaboration dans le respect des savoir-faire régionaux. Elle s'engage à proposer des produits locaux et à partager les couleurs et les saveurs d'Occitanie dans le monde entier.

En créant cette marque en 2006, la région Occitanie a été précurseur pour soutenir les secteurs agricole, viticole et agroalimentaire, en pariant sur une stratégie commerciale de promotion collective, tant au niveau local et national qu'à l'export. Ce travail a porté ses fruits : 12 800 produits et 1 650 entreprises sont rassemblés sous la bannière Sud de France. Gourmande, locale et accessible, la marque Sud de France a sélectionné de quoi adopter un mode de consommation responsable tout en se faisant plaisir. Elle permet, en choisissant d'acheter des produits régionaux et en privilégiant les commerces de proximité, d'agir concrètement pour soutenir l'économie d'Occitanie. • *sud-de-france.com* •

AIDES AU VOYAGE

Accueil Vélo : marque nationale qui garantit un service d'accueil pour les cyclistes le long des itinéraires cyclables • *francevelotourisme.com/accueil-velo* •

Monument historique : statut destiné à protéger un bâtiment ou un lieu, du fait de son intérêt historique, artistique ou architectural.

Tourisme & handicap : marque d'État certifiant l'accessibilité aux personnes en situation de handicap • *tourisme-handicap.gouv.fr* •

Coutellerie Laguiole, en Aubrac

2000 entreprises ouvren

© EDF / Patrice Dhumes

Entrez dans **les coulisses**

LE TOURISME DE SAVOIR-FAIRE
UNE EXCEPTION FRANÇAISE

eurs portes près de chez vous

Les Poteries d'Albi (©Poteries d'Albi)

L'Oulibo (©Photo Hervé Leclair aspheries)

oquefort Société (©Greg Alric)

Coutellerie de Laguiole Honoré Durand (©FREDERIC GARRIGUES)

Retrouvez toutes les visites sur

www.entrepriseetdecouverte.fr

entreprise et découverte

l'association de la visite d'entreprise

LE LITTORAL MÉDITERRANÉEN

• Carte *p. 20-21*

Des Pyrénées-Orientales au Gard, en passant par l'Aude et l'Hérault, se déploie la côte occitane. Arc-boutée entre 2 obstacles naturels, le Rhône et les Pyrénées, formant une sorte d'amphithéâtre en gradins ouvert sur le large méditerranéen, elle exploite son capital soleil, brille de 1 000 feux par la séduction de ses plages et alimente les productions nourricières grâce à la conchyliculture et à la pêche.
En s'éloignant du littoral vers l'arrière-pays, les cultures maraîchères et fruitières (pêches, nectarines, abricots et cerises) inscrivent dans le paysage la primauté économique de l'agriculture. Une agriculture qui se conjugue à la viticulture : banyuls, rivesaltes, autant de noms qui évoquent la douceur d'effluves miellées... Une région à explorer par tous les sens !

PYRÉNÉES-ORIENTALES

Dans l'ancien royaume catalan, aux portes de l'Espagne et de l'Andorre, tout est plus intense, peut-être parce que le soleil brille 300 à 320 jours par an ! Perpignan, chef-lieu du département, constitue un carrefour incontournable entre mer et montagne.
Vers la mer, des plages à bronzette d'Argelès et de Canet, aux calanques roses avec leurs petits ports de rêve comme Collioure, on tombe sous le charme d'un air de vacances permanent et d'une atmosphère débonnaire. Dans les terres, c'est une végétation plus dense que l'on découvre ; tout un peuple de châtaigniers et chênes-lièges – dont on a longtemps travaillé l'écorce. Dans la plaine poussent les arbres fruitiers, quand les vignes partent à l'assaut des coteaux brûlés par le soleil pour produire les vins du Roussillon. De chaque côté du Canigó, mythique montagne, s'allongent 2 grandes vallées pyrénéennes – le Conflent au nord et le Vallespir au sud. L'on y retrouve les grands classiques de la culture maraîchère locale : l'artichaut du Roussillon, l'oignon rouge de Toulouges, le céleri d'Elne ou encore le navet de Cerdagne. Entre 2 dégustations, gonflé à bloc, on se livre aux délices de l'esprit en découvrant les activités locales artisanales et industrielles !

ARGELÈS-SUR-MER

Brasserie-distillerie Cap d'Ona : *29, av. des Flamants-Roses, 66700 Argelès-sur-Mer. ☎ 04-68-95-79-09. • cap-dona.com • Visite possible de la fabrique : de mi-juin à oct, sam à 10h30 (rdv à 10h15) sur résa par tél. Nombre de places limité par visite. Bar-boutique : lun-sam 10h-12h30, 15h30-21h (hiver horaires variables, voir le site).*

La vaillance n'attend pas le nombre des années : la Brasserie Cap d'Ona a été créée en 1998 par Gregor Engler, maître brasseur passionné, pionnier des brasseurs artisanaux français, classé pour la 3e année consécutive 1er brasseur au monde au World Beer Challenge 2022. Depuis, elle est devenue la brasserie-distillerie française la plus médaillée d'or au monde ! Outre la visite classique de la brasserie et la découverte de la gamme de bières, spiritueux et sodas artisanaux suivie d'une dégustation, les amateurs peuvent s'offrir ***La Grande Expérience*** de dégustation des meilleures bières avec une visite plus poussée et gourmande *(accord mets et bières : tte l'année sur résa, 39 €/pers à partir de 2 pers).*

BANYULS-SUR-MER

Terres des Templiers : *route du Mas-Reig, 66650 Banyuls-sur-Mer. ☎ 04-68-98-36-70. • terresdestempliers.fr • Congés : 3 premières sem de janv. Visite guidée seulement. GRATUIT. Départ ttes les 45 mn le mat et ttes les 30 mn l'ap-m. Avr-oct, tlj 10h-19h30 ; nov-mars, lun-ven 10h-13h, 14h30-18h30. Visite de groupe sur rdv, pour 8-30 pers. Durée de la visite : 1h30. Boutique : avr-oct, tlj 10h-19h30 ; nov-mar, lun-ven 10h-13h, 14h30-18h30.*

ÉLEVAGE EN PLEIN AIR

Pour lui donner son goût caractéristique, le banyuls mûrit dans des tonneaux exposés en plein air et donc soumis aux variations de températures, de la fraîcheur de l'hiver à la canicule estivale. Une méthode découverte par les Templiers lors du transport des vins par bateau : on s'aperçut que les barriques stockées sur le pont produisaient un nectar différent de celles conservées en cale...

On est ici dans ***la plus grande cave des AOC banyuls et collioure.*** La vieille cave souterraine, ouverte l'été, est superbe, avec ses voûtes du XIIIe s. La grande cave est intéressante pour ses cuves en bois centenaires (tonneaux géants) et la projection d'un film instructif sur l'élaboration du banyuls. Car le banyuls n'est pas un vin cuit (genre porto) mais un ***vin doux naturel auquel on ajoute de l'eau-de-vie*** de vin en cours de fermentation. 4 communes de la côte ont droit à l'étiquette AOC banyuls : Collioure, Port-Vendres, Cerbère et bien sûr Banyuls-sur-Mer. Ce qui en fait l'une des plus petites AOC de France ! Les vignes sont cultivées en terrasses et tout est encore fait main, sans aucune mécanisation possible. Cette histoire prend toute sa dimension au cours de la dégustation proposée en fin de visite : au programme, collioure rouges, rosés et blancs, banyuls et banyuls grands crus.
Les + : dégustation ; animation : circuit découverte du vignoble *(30 €/pers, seulement sur résa ; infos au ☎ 04-68-98-36-92 ou • accueil-visites@templiers.com •)* ; escapade gourmande *(25 €/pers ; 12 € enfant, sur résa)* ; visite du vignoble en trottinette électrique.
Label : Qualité Tourisme.

CABESTANY

Confiserie du Tech : *Mas Guerido, avenue de Saint-Gauderique, 66330 Cabestany. ☎ 04-68-50-69-63. • confiseriedutech.com • Résa par tél. Sur rdv, visite guidée ou libre dans le musée surplombant les lignes de production. Visite de groupe jusqu'à 50 pers (sur rdv). Durée : 45 mn. Tarif : 4 € ; réduc ; gratuit moins de 3 ans. Boutique : lun 14h-19h, mar-sam 9h30-12h30, 14h-19h.*
La confiserie du Tech, c'est l'histoire d'une ***entreprise familiale sur 3 générations,*** qui débute en 1964 avec un petit atelier de moulage de chocolats et qui s'est agrandie au fil des ans en ajoutant à son catalogue des recettes maisons typiquement catalanes comme les rousquilles, les croquants et les tourons. Aujourd'hui dirigée par Xavier Danjou, elle compte une centaine de salariés dans une dizaine de métiers différents, qui concourent tous à fabriquer ces délicieux gâteaux. Dans l'usine, une salle vitrée surplombant les outils de production abrite le parcours de visite. Les matières premières sont soigneusement choisies et sourcées pour profiter de la qualité des produits d'Occitanie. Des produits qu'on retrouve dans la boutique, sous forme de ***spécialités salées, sucrées et viticoles*** : les anchois de Collioure, les miels et confitures, les vins ensoleillés du Roussillon... À l'heure du goûter, pour compléter la visite, on craque volontiers pour une pâtisserie maison, à déguster avec un jus de fruits bio ou un café torréfié localement. Des ateliers sont également organisés à l'attention des différents publics (scolaires, adultes, enfants...).
Label : Sud de France.

COLLIOURE

Maison Anchois Roque : *17 route d'Argelès, 66190 Collioure. ☎ 04-68-82-04-99. • anchois-roque.com • Visites libres et gratuites lun-ven sauf j. fériés, 8h15-11h45, 14h05-16h45. Fermé 1re et dernière sem de l'année. Boutique : lun-ven 8h-19h, w-e et j. fériés 9h-12h, 14h-19h.*
La ***spécialité de la côte Vermeille*** : les anchois ! Ces petits poissons bleus sont pêchés ici depuis toujours, de mai à octobre, à bord de barques munies de lampes

(les fameux *lamparos*). L'anchois de Collioure est même classé IGP (indication géographique protégée) ! Cette vénérable maison, entreprise familiale depuis 1870, ouvre les portes de ses ateliers de salaison en activité. Après une dégustation éclairée, on fait ses provisions en toute connaissance de cause à la boutique.

UNE NOTE SALÉE

Les préparations à base d'anchois datent du Moyen Âge. Elles doivent leur goût et leur parfum si caractéristiques aux divers ajouts de sel... Une spécialité qui a valu aux pêcheurs locaux d'être exemptés de gabelle par Louis XIV !

MAURY

© C.Goussard

Domaine Mas Amiel : *66460 Maury. ☎ 04-68-29-01-02. • masamiel.fr • tourisme.masamiel.fr • Juil-août, tlj 10h-19h ; hors saison, mar-sam 10h-12h30, 14h-18h. Visite libre du domaine et du caveau. Ateliers 29 €/pers, résa par tél 48h à l'avance.*
Attention à l'addiction au jeu ! À l'origine propriété de l'évêque de Perpignan, le domaine revient à un ingénieur des ponts et chaussées, Raymond Étienne Amiel, lors d'une partie de cartes en 1816... Depuis, le domaine situé au cœur de la vallée de l'Agly, qui s'est progressivement agrandi, est devenu la propriété d'Olivier Decelle. Sur 226 ha, le Mas Amiel, en pleine nature, produit des ***vins doux*** depuis 2 siècles, mais aussi toute une gamme de maury sec. La visite permet d'accéder à la cave de 1890 où, dans les foudres de chêne, vieillissent les ***fameux vins doux naturels*** qui ont fait la notoriété de la maison ainsi que le parc à bonbonnes. Elle se termine par une ***dégustation*** parmi l'éventail des 25 cuvées de la maison (vins doux et secs). Vous y apprendrez, par exemple, qu'avec les années, ses arômes de fruits rouges virent à la prune (vintages), puis aux épices pour finir sur le cuir, si la garde s'est effectuée en fût... Et bien sûr, on vous expliquera les cépages, les terroirs et toutes les techniques de vinification.

MONT-LOUIS

Four solaire développement : *bd Vauban, 66210 Mont-Louis. ☎ 04-68-04-14-89. 06-13-82-80-78. • four-solaire.fr • Visite guidée seulement. 15 juin-31 août : tlj à 10h30, 11h30, 14h, 15h, 16h, 17h, 18h. De mi-avr à mi-juin et de sept à mi-oct : 11h30, 14h, 15h. Fermé w-e en avr-mai, hors vac scol. Groupes : résa par tél ou mail • foursolairemontlouis@gmail.com • Tarif : 8,90 € ; réduc ; 6-16 ans : 6,90 € ; gratuit moins de 6 ans.*

La plus haute ville forte de France (à 1 580 m d'altitude) a été créée par Vauban (sa citadelle est classée au Patrimoine mondial par l'Unesco). Elle a pris le nom du plus haut après Dieu : Louis XIV. Au cœur du parc naturel régional des Pyrénées catalanes, elle est idéalement placée à l'entrée de la Cerdagne, un vrai paradis pour les randonneurs avec ses cimes enneigées, ses vastes panoramas, ses somptueuses forêts et sa faune de montagne. Ce plateau cerné de hautes montagnes, à 1 200 m d'altitude moyenne, jouit d'un ***ensoleillement*** et d'une luminosité privilégiés. On y a donc logiquement installé le 1er four solaire expérimental à double réflexion au monde en 1949.

Toute énergie (ou presque) est d'origine solaire

Les plus gros concentrateurs d'énergie solaire au monde sont les plantes, terrestres ou océaniques. L'énergie du soleil leur permet d'opérer la photosynthèse, donc d'absorber le gaz carbonique de l'atmosphère en synthétisant la cellulose des feuilles et du bois. L'exploitation énergétique de la biomasse s'inscrit dans cette lignée. Mais aussi celle de toutes les énergies fossiles (charbon, pétrole, gaz naturel) qui sont des biomasses accumulées et transformées au cours du temps ! Le soleil est aussi à l'origine de l'électricité hydraulique, car c'est lui qui initie le cycle de l'eau par l'évaporation – qui engendre nuages et pluie. Idem pour l'énergie éolienne : pas de différences thermiques sans soleil. Le soleil fournit donc 95 % des sources d'énergie que les humains utilisent (hors de lui, ne restent que la géothermie et le nucléaire).

Le principe est simple : un ensemble de miroirs permet de concentrer les rayons du soleil et d'obtenir des températures excessivement élevées (autour de 3 000 °C). Le bois s'enflamme, les céramiques cuisent, les métaux fondent ! Aujourd'hui, il est utilisé par l'ingénieur Denis Eudeline pour mettre au point des procédés non polluants pour l'artisanat et la petite industrie, en particulier des fours solaires. Ils présentent un réel intérêt économique et écologique : pas de combustible, pas d'émission de gaz à effet de serre. Visite intéressante et pédagogique.

Labels : Qualité Sud de France, Tourisme & Handicap.

PERPIGNAN

© Céramiques de Sant-Vicens

Céramiques Sant-Vicens : *40, rue Sant-Vicens, 66000 Perpignan. ☎ 04-68-50-02-18. • santvicens.fr • Visites guidées gratuite sur résa : avr-oct, jeu à 17h. 25 pers max. Boutique : mar-ven 10h-12h, 14h-19h ; sam 15h-19h.*
L'histoire de Sant-Vicens commence à la fin des années 1930 lorsque Firmin Bauby, décorateur, s'installe dans un mas près de Perpignan pour y créer un centre de céramique. Le projet voit le jour grâce à l'appui de Maillol, Dufy et Albert Bausil. Des créateurs s'y installent pour travailler, et la cave du domaine devient un lieu d'exposition. À partir de 1951, **Jean Lurçat** va y séjourner régulièrement et y développe une production qui va s'exporter dans le monde entier. Salvador Dalí et Picasso passeront aussi à Sant-Vicens. Rien que du beau linge !
Depuis 1998, c'est Claire, 3e génération de la famille, qui assure la direction de ce beau centre de création. Au cours de la visite guidée, on vous racontera l'histoire de la **famille Bauby ;** mais surtout, vous aurez le privilège d'accéder au chai qui abrite la **collection privée** de Sant-Vicens, incluant des tapisseries et des céramiques de Lurçat. La visite s'achève dans l'atelier proprement dit au milieu des fours, où vous aurez peut-être la chance de croiser des artistes contemporains.
Et pour ceux qui voudraient exercer leur talent, possibilité de participer à des **ateliers découverte d'émaillage sur céramique** *(sur résa, 5 pers max, 70 €/pers, 14h-17h).* Une superbe visite à la fois culturelle et technique.

PRADES

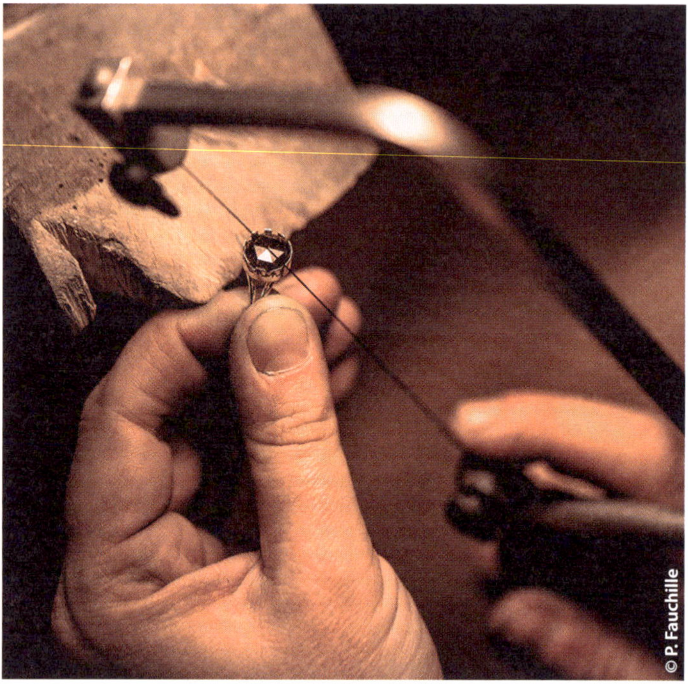
© P. Fauchille

Manufacture du grenat : *rond-point du Canigou, 66500 Prades. ☎ 04-68-96-21-03. • manufacturedugrenat.com • Visite guidée : avr-juin et sep-oct, mar-sam à 10h30, 14h30, 15h30 et 16h30 ; juil-août, lun-sam à 10h, 11h, 14h30, 15h30, 16h30 et 17h30 ; nov-mars, mar-sam à 10h30, 14h30 et 16h30. Fermé 3e et 4e sem de janv. Tarifs : 3 €/pers ; gratuit moins de 18 ans. Visite de groupe sur rdv, pour 10-55 pers. Tarif : 20 €/groupe. Durée de la visite : 50 mn. Boutique : mar-sam 9h-12h30, 14h-19h.*
La grosse bourgade de Prades constitue une bonne base de départ pour des excursions et des promenades dans le ***Canigó,*** magnifique région de montagnes escarpées tapissées de forêts, recelant moult trésors... de la période romane. Vous y attend aussi l'intéressante visite d'une ***fabrique de joaillerie traditionnelle catalane,*** qui perpétue depuis des décennies un savoir-faire familial attaché à cette tradition locale. Une promenade interactive (avec un guide holographique), de l'écomusée aux 3 ateliers de fabrication, en passant par une mine reconstituée dans laquelle un guide (bien réel celui-là) commente l'histoire de ces pierres semi-précieuses. Un petit film explique le processus de transformation de la pierre en bijou.
Labels : Entreprise du Patrimoine Vivant, Tourisme & Handicap, Qualité Tourisme, France savoir-faire d'excellence.

TARGASSONNE

© BOULOC Diane

Thémis Solaire Innovation : 86 rte de Thémis (D618B), 66120 Targassonne. ☎ 04-68-30-46-00. • contact-tsi@cd66.fr • Tlj juil-août, lun-ven vac scol : 10h-12h, 13h30-17h30. Visite libre gratuite, visite guidée sur résa l'été uniquement, 5 €/pers, réduc. Possibilité de venir en sem le reste de l'année sur résa : groupe de 15 pers min, compter 3 €/pers.

C'est sur ce site qu'a été construite et exploitée, de 1979 à 1986, la ***1re centrale solaire à tour au monde :*** Thémis. Sa tour de 105 m de haut concentrant les rayons renvoyés par un champ de miroirs géants orientés vers le soleil, cette chaleur permettait de produire de l'électricité qui était ensuite injectée dans le réseau. De l'arrêt de la centrale expérimentale jusqu'en 2004, le site a été un terrain d'étude pour les chercheurs en astrophysique. Puis, en 2012, le département, soutenu par la région, engage d'importants travaux de réhabilitation afin de redonner au lieu sa vocation d'origine : le développement de technologies permettant la production d'énergie d'origine solaire. La centrale est désormais une plateforme de recherche où sont mis à l'étude des ***projets solaires innovants,*** ainsi qu'un vecteur d'éducation à l'environnement. Aujourd'hui, Thémis est une zone de tests grandeur nature qui permet à des chercheurs d'étudier de nouvelles technologies et de développer des installations similaires dans le monde entier pour produire de l'électricité.

La visite guidée comprend un point sur l'historique du site et la présentation des nouveaux projets pour mieux comprendre le fonctionnement de l'exploitation de cette source d'énergie renouvelable. Des expositions et un belvédère sont en accès libre. Pour les plus jeunes, des ateliers ludiques en autonomie sont également proposés (constructions solaires, jeux, coloriage, etc.)

THUIR

Les caves Byrrh : 2, bd Violet, 66300 Thuir. ☎ 04-68-53-45-86. • caves-byrrh.fr • Visite découverte libre : avr-juin, tlj 9h30-11h30, 14h30-17h ; sept-oct, tlj 10h-11h30, 14h-18h. Visite libre 5,50 € ; réduc ; 8-18 ans : 2,50 € ; moins de 8 ans : gratuit. Visites découvertes guidées : avr-juin et sept-oct, tlj à 10h30 et 15h30 ; juil-aout, tlj à 10h45, 14h30 et 16h30 ; nov-mars, mar-sam à 10h45 et 14h30. Visite guidée 7 €/pers ; réduc 3,50 €. Durée de la visite avec dégustation : 1h15. Tarif groupe sur résa à partir de 10 pers : 5,50 €/pers. Visite son et lumière : nov-mars, mar-sam à 16h ; avril-oct, tlj à 17h30 (18h30 juil-août). Tarifs : 8,50 €/pers ; 8-18 ans : 5 €. Durée de la visite : 1h30. Ateliers dégustation sur résa. Tarif : 30 €/pers. Durée : 2h30. Boutique : avr-oct 9h30-12h30, 14h30-18h30 ; juil-août 10h-12h30, 14h-19h30 ; nov-mars, mar-sam 9h30-12h30, 14h-18h.

JEU DU HASARD

L'origine de l'orthographe de BYRRH, par son étrangeté, a toujours suscité la curiosité. La petite histoire raconte que ce sont les lettres désignant les coupons d'étoffes entreposés dans la petite mercerie des frères Violet qui, par ajustement au hasard, ont donné le nom à cet apéritif.

© OTI Aspres Thuir

Les Aspres, ce sont ces collines âpres et boisées à l'ouest de Perpignan, au pied du Canigó. Une belle région où l'art roman embellit les villages tapis sur les versants, quand ses hauteurs autorisent de superbes contemplations de la plaine du Roussillon jusqu'à la mer... Un milieu propice à l'apparition du Byrrh, ***apéritif à base de vin et de plantes aromatiques :*** quinquina, café, cacao, écorces d'oranges en particulier. Ce sont les frères Violet, Simon et Pallade, à l'origine marchands ambulants en articles de mercerie, étoffes et vin, qui ont mis au point la recette du Byrrh au XIXe s. Les caves Byrrh, implantées à Thuir depuis

près de 150 ans, témoignent de l'invention de ce produit phare du département. Dans l'immense cave, au cœur du centre-bourg, la muséographie narre cette saga familiale à travers des hologrammes, des projections gigantesques, des jeux d'ombre et de lumière, des affiches originales de 1903 et la plus grande cuve en chêne du monde, pouvant contenir 1 000 200 l, véritable prouesse technique pour l'époque.
Label : France savoir-faire d'excellence.

AUDE

Pays de garrigue, d'oliviers, de sapins et de roseaux, de vignes et de blé, pays de mer, de plaine et de montagne : l'Aude multiplie les facettes et les atouts. De la jolie cité de Carcassonne (inscrite au patrimoine mondial de l'Unesco), à la tranche du canal du Midi (inscrite aussi à l'Unesco), en passant par les moults églises et abbayes romanes (Rieux-Minervois, Saint-Papoul, Lagrasse, Fontfroide, Saint-Hilaire, Sainte-Marie-d'Alet, Caunes-Minervois...), elle jouit d'un patrimoine bâti remarquable. Un patrimoine érigé sur une terre rude, mais où la vigne, cultivée dans la région depuis plus de 2 000 ans, récompense amplement ceux qui l'aiment.
Les corbières, produits en AOC sur près de 15 000 ha, évoluent avec le relief : tendres et veloutés dans la partie maritime, ils deviennent charpentés et tanniques dans les hautes Corbières. Les compagnons d'une découverte toujours ancrée dans la géographie : les productions issues des terroirs voire des entrailles de la terre dominent. Des explorations qui ramènent les pieds sur terre, voire dans la terre !

BIZE-MINERVOIS

© G&C DESCHAMPS

L'Oulibo : *hameau de Cabezac, 11120 Bize-Minervois. ☎ 04-68-41-88-88. • loulibo.com • Visite guidée uniquement. Juin-sept : à 11h, 15h, 16h, 17h. (plus 18h juil-août). Oct-mai : à 10h30, 14h30, 16h (janv-fev, sur resa uniquement). Tarifs : 6 € ; 6-15 ans : 4 € ; moins de 6 ans : gratuit. Visite de groupe sur rdv (sauf 25 déc-1er janv), pour 20-100 pers. Tarifs : 5 €/pers ; scolaires : 2 €/pers. Durée de la visite : 1h30. Boutique : oct-avr, tlj 8h-12h, 14h-18h ; avr-mai, tlj 8h-12h30, 14h-18h30 ; juin et sept, tlj 8h-13h, 14h-19h ; juil-août, tlj 8h-20h. Sam ouv à 9h, dim à 10h.*

L'Oulibo, ***1er producteur d'olives de table françaises,*** propose de découvrir le monde de l'olive et de l'huile d'olive. Aujourd'hui labellisée Entreprise du Patrimoine Vivant pour son savoir-faire exceptionnel, l'Oulibo ouvre ses portes 7j/7. La visite commence par un parcours dans l'oliveraie pour tout savoir sur la culture de l'olivier. Puis dans le moulin, un son et lumière fait remonter le temps jusqu'à notre époque. La visite se poursuit avec un ***espace muséographique multimédia*** aménagé dans l'ancien moulin pour découvrir, en 5 étapes, toute la symbolique de l'olivier, son rôle dans la littérature et les arts, son utilisation ancestrale dans l'univers des cosmétiques et de la beauté, les nombreux métiers qui lui sont associés, ses vertus médicinales et ses atouts santé. On termine le parcours par une dégustation commentée d'olives (AOP Lucques du Languedoc) et d'huile d'olive. Bref, une ***visite complète et passionnante.*** Et pour les enfants, une ***chasse au trésor*** est organisée pendant la visite.

Les + : animations *(atelier tapenade en été sur résa mer et jeu à 10h).*

Labels : Entreprise du Patrimoine Vivant, Qualité Tourisme Occitanie, Qualité Tourisme, Tourisme & Handicap, France savoir-faire d'excellence, Accueil Vélo, Vignobles & Découvertes.

L'ENFANT CENTENAIRE

L'olivier de 100 ans est encore un enfant ! Doté d'une croissance lente, il produit ses premières olives vers 3 et 7 ans (selon la variété) et atteint sa pleine production à partir de 10 ans, jusqu'à environ 150 ans. C'est à cet âge respectable que sa fertilité commence à décroître. Sa longévité peut, dans des conditions favorables, se compter en millénaire. Et ses conditions de culture ne sont pas les plus difficiles : typique de la garrigue, l'olivier résiste à la sécheresse (en revanche, il craint le gel et l'humidité). Peu sensible à la nature des sols, même les plus pauvres, il pousse dans des sols pierreux et ses racines peuvent aller puiser l'eau jusqu'à 6 m de profondeur. On compte aujourd'hui 830 millions d'oliviers cultivés dans le monde, dont 90 % sont concentrés sur le pourtour méditerranéen.

© BlackFarm / Shutterstock

BROUSSES-ET-VILLARET

© Moulin à papier de Brousses

Le moulin à papier de Brousses : *11390 Brousses-et-Villaret. ☎ 04-68-26-67-43. • moulinapapier.com • Visite guidée uniquement. Oct-juin : lun-ven à 11h et 15h30, w-e, j. fériés et vac scol (ttes zones) à 11h, 14h30, 15h30 et 16h30 ; juil-août, tlj à 11h, 12h, 14h, 15h, 16h, 17h et 18h ; sept : tlj à 11h, 14h30, 15h30 et 16h30. Tarifs : 10,50 € ; 5-12 ans : 6 € ; gratuit moins de 5 ans. Visite de groupe sur rdv, 15-60 pers. Tarif : 9 €/pers. Scolaires : formules à choisir à partir de 5 €/pers (infos sur demande). Durée de la visite : 1h. Boutique : tlj 10h-12h, 14h-18h.*
C'est le ***dernier moulin à papier*** en activité de la région. Celui-ci rappelle qu'autrefois, le versant sud de la Montagne noire faisait partie des grands centres papetiers du Languedoc. Depuis 7 générations (1820), la même famille perpétue et transmet son savoir-faire en produisant des ***papiers faits main.*** On accède au moulin par un joli petit sentier botanique qui surplombe la rivière, pour une leçon sur l'histoire et la fabrication du papier fait à la main. Parmi les découvertes, des papiers à base de chiffons, mais aussi à base de crottin de cheval, de rafles de raisins, de posidonie... Après la visite, dans l'atelier, enfants et adultes peuvent ***réaliser à la main leurs feuilles de papier*** qu'ils emportent après la séance.

Brousses-et-Villaret se trouve à 8 km au nord de ***Montolieu,*** qui est devenue, depuis 1990, ***l'une des 6 cités du livre en France.*** Le village, bâti tel un amphithéâtre, accroché au flanc rocailleux de 2 ravins, surplombe les impressionnantes gorges de l'Alzeau et de la Dure. Au XIIIe s, il s'appelait poétiquement *Mount a Ouliou* (le mont des Oliviers). Libraires, bouquinistes, éditeurs, artisans d'art graphique sont venus s'installer ici sous l'impulsion de Michel Braibant, relieur à Carcassonne. On peut approfondir le sujet en visitant le ***musée des Arts et Métiers du livre*** *(☎ 04-68-24-80-04, • montolieu-livre.fr •)*, qui détaille la typo, la calligraphie, la reliure, l'imprimerie, etc.

Les + : animations, visites nocturnes en été *(voir date sur le site)*, Nuit des papivores *(2de quinzaine d'août)*, atelier de fabrication de 2 feuilles de papier après chaque visite *(3 €/pers)*, ateliers pédagogiques *(plusieurs formules possibles)*.
Labels : Qualité Tourisme Occitanie, Qualité Tourisme, France savoir-faire d'excellence.

CASTELNAUDARY

Maison Escudier : *11, rue de Dunkerque, 11400 Castelnaudary. ☎ 04-68-23-12-79 • cassoulet-escudier.fr • Boutique : lun-sam 9h-12h, 14h-18h30, dim 8h30-12h30. Visites guidées au 1400, av. des Pyrénées, pour groupes à partir de 20 pers, lun-sam sur rdv (production le matin). Avec dégustation de charcuteries : 5 €, 12-18 ans : 3 €, gratuit moins de 12 ans ; avec repas (à midi seulement : 25 €, 12-18 ans : 18 €, moins de 12 ans : 12 €.*
Castelnaudary, c'est la ***capitale « mondiale » du cassoulet !*** Et depuis 1920, la Maison Escudier perpétue la tradition. Elle fabrique elle-même sa charcuterie – un processus qu'on observe à travers un couloir vitré – et la marie à des haricots du Lauragais en IGP. Des visuels et un film complètent les explications du guide. Dégustation finale en froid ou en chaud. Une visite emblématique du terroir !

LA SAINTE TRILOGIE DU CASSOULET

Les gastronomes reconnaissent Castelnaudary comme le père du cassoulet (né ici au XVe s), Carcassonne en étant le Fils et Toulouse le Saint-Esprit ! La tradition est stricte. La cassole (grand bol qui a donné son nom au plat) doit être en argile d'excellente qualité. Et les ingrédients doivent forcément provenir de la région. Le plat s'oublie auprès du four de boulanger, avec des ajoncs de la Montagne noire, pour une cuisson douce et longue, les haricots cuisant dans l'eau de la ville... non mais !
Côté haricot, on préfère le lingot qui sait rester ferme. Côté viande, la composition diffère entre les voisins rivaux : confit de canard ou d'oie, saucisses de Castelnaudary (de Toulouse à la rigueur), couennes, jarret de porc.

CAUNES-MINERVOIS

Safari marbre aux Marbrières de Caunes : *11160 Caunes-Minervois. 06-33-80-71-38. • lesmarbrieresdecaunes.jimdo.com • Visites mer et dim. Durée : 2h min. Participation libre.*
La visite commentée des carrières de marbre de Caunes du plateau des Terralbes inclut la ***carrière en exploitation du Grand Incarnat, 2 carrières inscrites au titre des monuments historiques*** : la Grande Carrière de gris et la carrière dite « du Roy », ainsi que d'autres carrières anciennes (rouge écarlate, griotte...). Aujourd'hui, les ***carrières en activité*** produisent entre 7 000 et 10 000 m³ de marbre qui sont principalement exportés vers l'Italie mais aussi au Japon et aux États-Unis. Cette production est en augmentation significative, notamment depuis le retour de l'usage de cette pierre dans la décoration et l'ornementation d'édifices. D'autres marbreries françaises, comme celle du Jura, exploitent aussi

temporairement les carrières au besoin. Lors de la visite, en semaine, vous verrez les ***ouvriers et les machines en action,*** par exemple lors de l'étape du sciage des blocs. Le marbre de Caunes-Minervois est réputé dans le monde entier et a été utilisé pour de célèbres monuments comme la grande mosquée de Cordoue en Andalousie, les piliers de la cathédrale Notre-Dame de Paris ou encore le palais du Louvre.

Les passionnés pousseront vers l'ouest, direction ***Bagnères-de-Bigorre,*** pour compléter leur éducation lapidaire en visitant le musée du Marbre et muséum du Salut.

Le musée du Marbre et muséum du Salut : *vallon de Salut, 65200 Bagnères-de-Bigorre. 06-33-79-60-45. Juil-août, mer-dim 14h30-18h ; le reste de l'année, ouv mer, ven-sam (plus jeu lors des vac scol) 14h30-17h30. Entrée : 4 € ; réduc ; gratuit enfant, scolaire et étudiant.*

Le musée du Marbre est installé dans les ***anciens thermes de Salut,*** superbe bâtiment qui présente une galerie historique rénovée de cabines et baignoires de marbre. Né de la passion du collectionneur Jacques Dubarry de Lassale, qui a réuni une ***splendide collection de marbres*** de 320 origines diverses, le musée expose près de 170 marbres issus de carrières pyrénéennes. Atelier du marbrier avec ses outils, photos et histoire des carrières des Pyrénées, divers objets décoratifs...

Également une exposition des fouilles archéologiques de la ***villa gallo-romaine de Pouzac.*** Inattendu, on découvre aussi, dans l'espace « Chauve-souris » du muséum, les différentes facettes de cette espèce protégée. Photos, textes, affiches, et même une caméra à infrarouge installée dans les combles du muséum, qui permet de se familiariser avec ce curieux petit mammifère. Également des expos temporaires.

Après la visite, offrez-vous une ***paisible balade au sein du vallon du Salut.*** Joli petit vallon transformé en parc thermal dans les années 1920 après canalisation de l'Aygo Tébio (l'eau tiède), le cours d'eau qui prend sa source au pied de la montagne du Monné. Cette ***eau thermale*** fut utilisée dès le XVIe s par les curistes. Ne pas manquer les « allées Dramatiques » ! Un endroit très apprécié à l'époque romantique.

COURSAN

Granhota, l'atelier du vinaigre : *16, rue Béranger, 11100 Coursan (se garer dans la rue principale). 06-32-92-62-20. • granhota.com • De mi-juin à mi-sept, lun-sam 9h-12h, 14h-18h. (visites guidées à 10h30, 14h30 et 16h30) ; de mi-sept à mi-juin, mar-sam 9h-12h, 14h18h (visites guidées mar, jeu-sam à 10h30 et mer à 15h). Visite libre tte l'année. GRATUIT. Groupes : jusqu'à 50 pers, résa par tél obligatoire.*

Passionné par la viticulture et la gastronomie, Laurent Faure lance ses 1ers essais de vinaigres alors qu'il est encore sur les bancs d'une grande école d'ingénieurs à Paris. L'appel du Sud et son envie de continuer à travailler ce condiment le convainquent alors de rentrer dans sa région natale. Depuis 2013, il crée dans son chai des ***vinaigres balsamiques et de vins aromatisés aux fruits et aux épices.*** Grâce à la visite guidée, vous deviendrez incollable sur la différence entre la fabrication du vinaigre de vin et son cousin balsamique. Et bien sûr, vous ne repartirez pas sans déguster les produits du maître-vinaigrier !

GRUISSAN

Le salin de l'île Saint-Martin : *route de l'Ayrolle, 11430 Gruissan. ☎ 04-82-53-10-61. • lesalindegruissan.fr • Visite guidée uniquement, résa possible sur le site internet. Fév-mars tlj à 11h et 15h, avr-mai et de oct à mi-nov, tlj à 11h, 15h et 16h30 ; juin-sept, tlj à 11h, 15h, 16h30 et 18h. Tarifs : 11,50 € ; 8-13 ans : 8,90 € ; gratuit moins de 8 ans. Visite de groupe sur rdv à partir de 20 pers, résa par mail : • contact@lesalindegruissan.fr • Tarif : 6,90 €/pers ; 8-13 ans : 4,50 €. Durée de la visite : 1h30 (2 km). Boutique : tlj 10h30-18h (19h30 avr-juin et sept) ; juil-août 10h-21h.*

À 10 km au sud de Narbonne-Plage, Gruissan se mire dans les eaux des étangs peuplés de flamants roses. Le vieux village ne manque pas de cachet avec ses maisons couleur de terre brûlée par le soleil et ses toits rouges. Bâti sur un plan circulaire, il semble encore sous la protection du château de Barberousse. Un « tribunal des prud'hommes pêcheurs » et le Café de la Paix, siège du club de rugby, achèvent de conférer au lieu toute son authenticité.

En prenant la route de l'Ayrolle, on arrive au salin de l'île Saint-Martin, qui a la particularité d'associer les ***3 techniques de production du sel : agricole (le sel de mer), industrielle (le sel raffiné) et minière (sel gemme).*** Le parcours pédestre de 2 km s'accompagne d'une présentation des différentes phases de production et usages du sel. Ne pas oublier d'emporter de l'eau, de la crème solaire et un chapeau. Un guide de la Ligue de protection des oiseaux (LPO) vous accompagne pour des observations ornithologiques passionnantes. En fin d'après-midi, à la fraîche, on augmente ses chances d'apercevoir de multiples espèces d'oiseaux... au soleil presque couchant ! Dans la boutique, un écomusée explique la récolte du sel et présente la faune et la flore des milieux salés.

Le + : organisation de concerts et de repas *(dates sur le site).*

Label : Sud de France.

SAUNIER OU PALUDIER ?

Aux abords de la Méditerranée, on appelle « saunier » le professionnel du sel – un substantif qui se comprend de façon instinctive. Mais au nord de la Loire, au contact de l'Atlantique, celui-ci revêt le nom de « paludier » ! Cette dénomination trouve son origine dans la nature marécageuse des marais salants : « la palud » désignait autrefois un marécage.

LA PALME

Le salin de La Palme : *11480 La Palme. ☎ 04-68-46-26-91. • salindelapalme.com • Avr-sept. Visite en petit train tlj. Tarifs : 11,50 €/pers ; 4-14 ans : 8,90 € ; gratuit moins de 4 ans. Compter 50 min. W-e visite en calèche, départs à 11h30, 14h30, 15h30, 16h30 et 17h30. 20 €/pers et 14,50 € pour les 4-14 ans. Groupes : résa obligatoire par mail • salindelapalme@gmail.com • Compter 8,90€/pers. Vente de sel et de produits régionaux sur place.*

À une cinquantaine de kilomètres du salin de Gruissan, entre mer et garrigue, le salin de La Palme est au cœur d'une (rare) zone vierge d'urbanisation balnéaire de la côte méditerranéenne française. À bord d'un petit train électrique ou d'une calèche, on découvre l'***histoire du sel*** et le savoir-faire des ouvriers. Le salin s'étend sur 400 ha de terres rose et blanc et on profite de la balade pour observer de nombreux oiseaux. Un bonheur pour les petits et les grands !

LAGRASSE

Phat Mounivong

🍴🍴🍴 ***Vinaigrerie Cyril Codina :*** *16, bd de la promenade, 11220 Lagrasse. ☎ 04-68-75-83-66. • vinaigrescodina.com • La vinaigrerie a un étage non accessible aux personnes à mobilité réduite. Visite tlj 10h-17h. Le reste de l'année : horaires variables, appeler avant pour résa (très conseillé). GRATUIT. Groupes : résa obligatoire, 60 pers max. Durée de la visite : 1h-1h30. Boutique : tlj 9h30-20h (hors saison 9h30-18h30).*

Cyril Codina est un ***vigneron indépendant*** qui s'est lancé dans la ***fabrication artisanale de vinaigres.*** S'il commence à travailler le vinaigre en plein terroir Corbières-Boutenac, il est désormais implanté à ***Lagrasse, classé parmi les « Plus Beaux Villages de France »*** : un plaisir esthétique autant que gastronomique !

La vinaigrerie, avec ***boutique et restaurant,*** se situe au cœur d'un lieu élégamment nommé « La Cour des Saveurs ». La gamme de vinaigres se compose de ***40 produits différents,*** tantôt acides ou épicés, tantôt doux ou fruités. Cyril travaille avec des producteurs locaux pour l'aromatisation de ses produits ; il n'adjoint aucun produit issu de la chimie de synthèse. Lors

VINAIGRE ET VINAIGRE BALSAMIQUE

Chimiquement, le vinaigre résulte de l'oxydation du vin par la bactérie « acétobacter ». Cette bactérie, découverte par Pasteur au XIXe s, dégrade l'alcool contenu dans le vin en acide acétique et fait ainsi tourner le vin au vinaigre. Le produit est ensuite vieilli dans une solera (technique de vinification qui consiste à empiler des barriques sur plusieurs niveaux), méthode mise au point dans la région de Jerez. Plus le temps passe, plus le vinaigre vieux sera transféré vers les barriques basses.

Le vinaigre balsamique, quant à lui, a été inventé dans la région de Modène, en Italie. Contrairement à son cousin le vinaigre de vin, il est à base de moût de raisin. Il s'agit d'une réduction très lente de jus de raisin non fermenté. Les moûts sont cuits à basse température pour concentrer leurs arômes, puis ils sont placés en fûts sous les tuiles et continuent de réduire grâce à la chaleur du soleil. Près de 7 kg de raisins sont nécessaires pour produire seulement 1 l de balsamique ! La méthode traditionnelle exige un vieillissement de 12 ans minimum et ne tolère aucun autre ingrédient que le jus de raisin.

de la visite, on comprend toutes les étapes de la fabrication du vinaigre, de la barrique à l'arrivée en boutique : vieillissement, aromatisation en bonbonnes disposées sur les toits de la vinaigrerie. On accède aux barriques où l'on peut voir et sentir les arômes, la filtration, la mise en bouteille et l'étiquetage. Après un véritable éveil des sens, on termine par une dégustation : et les sens prennent sens !

LIMOUX

Maison Guinot : *3, chemin de Ronde, 11300 Limoux. ☎ 04-68-31-01-33. • blanquette.fr • Caveau et dégustation, lun-ven 10h-12h30, 13h30-18h, w-e uniquement ap-m sur résa. Visites à 10h30, 14h30, 16h. Tarif : 6,50 € ou 10 € avec initiation ; 10-16 ans : 4 €, gratuit moins de 10 ans. Durée : 45 mn. Pour les groupes, résa par té»l ou par mail • info@bullesetlumieres.fr • Infos sur les calendriers de formations par tél.*

La visite « **Bulles et Lumières** » vous emmène dans les caves au gré d'un spectacle son et lumières pour vous faire découvrir l'histoire de la Maison Guinot, mais surtout la méthode traditionnelle d'élaboration de la fameuse blanquette et du crémant de Limoux. À la fois instructif et ludique. Dégustation prévue à la fin. Et il est possible de prolonger la visite par une initiation plus poussée avec des explications sur les techniques de dégustation. Pour ceux qui souhaiteraient parfaire leur connaissance, la Maison Guinot propose « ***L'atelier des Bulles*** » sur une demi-journée ou une journée avec visite du vignoble, des techniques viticoles... Bref, tout pour devenir incollable sur la blanquette de Limoux, entre autres.

Label : Sud de France.

À L'ORIGINE DU CHAMPAGNE

Selon la tradition, c'est en allant en pèlerinage dans l'Aude que Dom Pérignon découvrit le vin pétillant de Limoux, la fameuse blanquette. À son retour, il s'en inspira pour peaufiner un assemblage de 3 cépages. Le champagne était né ! Le brave moine concrétisa aussi l'invention du bouchon de liège. Espérons qu'il encaissa des royalties...

LUC-SUR-ORBIEU

Château de Luc : *1 rue du Château, 11200 Luc-sur-Orbieu. ☎ 04-68-27-10-80, 📱 06-31-01-73-09 • famillefabre.com • En été, caveau ouv lun-sam 10h-18h ; hors saison, fermé lun. Résa des visites 24h avant. Également des ateliers sur résa dans la limite des places disponibles pour découvrir tous les métiers de la vigne : 📱 06-31-01-73-09 ou • oenotourisme@famille-fabre.com • : Vigneron indépendant, plusieurs métiers en un ; Viticulteur d'un jour ; Vendangeur d'un jour ; Œnologue d'un jour ; Maître de chai d'un jour ; Sommelier d'un jour.*

Depuis 1605, la famille Fabre, vigneron indépendant, produit des vins ***AOC Corbières Boutenac*** élevés dans une superbe cave voûtée. Les vignes sont travaillées dans le respect de l'environnement et en méthode bio (label AB et certification HVE). Plusieurs formules œnotouristiques intéressantes sont proposées pour découvrir le domaine, dont une visite guidée insolite du château et de l'histoire de la famille *(10 €/pers)*, avec dégustations des vins bio.

Autre possibilité : la ***balade vigneronne dans la garrigue*** *(35 €/pers)* ***qui vous emmènera jusqu'au sommet du Mourel de Luc*** pour y parler des différentes composantes du terroir, suivie d'une dégustation de 5 vins au milieu de la vigne avec charcuterie et fromage. Pour les sportifs, possibilité de faire cette balade en VTT. Sans oublier un original ***escape-game*** pour 2 à 10 pers *(durée 1h, à partir de 10 ans)* avec dégustation intégrée durant le jeu *(30 €/pers)* !
Label : Vignobles & Découvertes.

MAS-SAINTES-PUELLES

Poterie Not Frères : *1851, rte de Labastide, 11400 Mas-Saintes-Puelles. ☎ 04-68-23-17-01. Lun-ven 8h-12h, 14h-18h (17h ven). Fermé en août et fêtes de fin d'année.*
Les bonnes maisons de cassoulet n'achètent pas leurs ***cassoles*** n'importe où, mais ici, dans cette entreprise familiale – installée sur un gisement d'argile – qui travaille artisanalement, avec d'anciens tours à pied. On vous montrera l'atelier, le four à bois et on vous expliquera leur passionnant savoir-faire transmis au fil des générations. Et si vous n'êtes pas prêt à cuisiner vous-même votre cassoulet, vous lorgnerez peut-être sur les belles créations, comme ces jolis vases à 4 anses, typiques du Lauragais...

MONTREDON-DES-CORBIÈRES

Les chocolatiers cathares : *165, rue du Pech Redon, ZA du Castellas, 11100 Montredon-des-Corbières. ☎ 04-68-27-04-04. • chocolatiers-cathares.com • Lun-sam, visite sur résa à 11h, 14h, 15h, 16h et 17h (durée 45 mn). Tarif : 6 €/pers ; 6-15 ans : 4 €. Pour les groupes de 15 pers min, contact par tél.*
Une de ces visites au succès garanti auprès de tous... Intéressant ***musée du chocolat.*** On suit la visite au rythme d'un son et lumières qui vous apprendra tout sur l'histoire de cette fève et sa transformation en délicieuse gourmandise, on pénètre dans les ateliers pour voir le travail du maître chocolatier et de son équipe, et surtout déguster leur production. Les gourmands peuvent aussi participer à des ateliers *(mer et sam sur résa : ☎ 04-68-27-04-04 ; tarif : 29 €/pers ; durée : 2h)* au cours desquels ils réaliseront leurs propres créations en chocolat.

BIENFAIT COLLATERAL

C'est aux juifs qu'on doit l'introduction du chocolat en France. Certains possédaient des bateaux qui commerçaient avec le Mexique. Chassés d'Espagne par l'Inquisition, ils emportèrent dans leurs bagages cacao, secrets de fabrication et épices. Et la mode fut lancée lors du mariage de Louis XIV et Anne d'Autriche... Voilà comment sont couronnés les petits rois dans la cour de récré à l'heure du goûter !

MONTSÉRET

La miellerie des Clauses : *hameau des Clauses, 8, pech de la Garrigue, 11200 Montséret. ☎ 04-68-43-30-17. • miellerie-des-clauses.com • À 1 km au sud de Montséret. Tlj 9h-12h, 14h-18h. Visite guidée (1h15) : juil-août, lun-ven à 10h30, 14h30, 16h et 17h30, w-e à 10h30, 15h et 16h30 ; de mi-avr à juin et sept, tlj à 14h30 et 16h. Tarif : 6 € ; gratuit moins de 12 ans.* Tout, tout, tout, vous saurez tout sur l'***Apis mellifera*** ! Visite guidée complète et passionnée sur l'environnement de butinage des abeilles, ***la vie d'une ruche*** avec, à la clé, l'ouverture de ladite ruche. En été, possibilité pour les adultes de vivre la ***Bzzz Experience,*** de se glisser dans la peau d'un apiculteur en petit groupe et habillé en conséquence *(mer 9h30-11h30 sur résa ; 18 €/pers).* Boutique sur place.

Les apiculteurs en fleur plutôt qu'en herbe grimperont dans les Pyrénées pour compléter leur (agri)culture à la Cité des abeilles à ***Génos,*** près de Bagnère-de-Luchon.

La Cité des abeilles : *31510* **Génos.** *☎ 05-61-79-68-04. • lesrucherssaintemarie.com/le-musee/ • Ouv 14h-18h : tlj juil-sept, w-e seulement mars-juin et oct, tlj sauf lun vac de fév et de Toussaint. Tarifs : 7 €, 5 € pour les 4-14 ans.* Au cœur de l'exploitation des Ruchers Sainte-Marie, un intéressant ***écomusée*** a été aménagé dans un parc de 1 ha. La collection, unique en Europe, regroupe 600 pièces, une exposition de ruches et différents objets apicoles. Vente de miel produit sur place.

SAINT-POLYCARPE

Domaine de Baronarques : *11300 Saint-Polycarpe. ☎ 04-68-31-94-66. • domaine-de-baronarques.com • Visites lun-ven à 10h, 14h et 15h30 et sam sur rdv. Tarifs : 20, 35, 55 et 90 €/pers selon le type de visite. Caveau de vente : lun-ven 9h-17h. Groupes (15 pers max) : uniquement pour la visite à 20 €.*

Au cœur d'une ***charmante propriété du XVIIe s,*** rachetée par la baronne ***Philippine de Rothschild*** en 1998 et renommée domaine de Baron'Arques, se niche une ***exploitation viticole*** de caractère. Elle s'inscrit dans la tradition familiale : les Rothschild ont été les 1ers à servir à leur table leurs propres bouteilles, réalisées avec le raisin des vignes de leurs domaines ! La propriété compte aujourd'hui 110 ha dont 43 de vignes sur un sol principalement argilo-calcaire. Elle se compose de 70 % de cépages bordelais (merlot, cabernet sauvignon, cabernet franc) et de 30 % de cépages méditerranéens (syrah, grenache, malbec) pour les vins rouges, et de chardonnay et chenin blanc pour le vin blanc.

Pour découvrir le domaine et ses vins, ***plusieurs possibilités de visites :*** la visite Escapade, la visite Terroir *(4 pers max)* avec circuit dans les vignes en voiture, la visite au sommet au printemps et en été *(4 pers max, sur rdv 48h à l'avance, avec dégustation accompagnée de produits du terroir)* et enfin la visite Héritage *(privative et sur rdv)* avec dégustation de 7 vins sur plusieurs millésimes. Montée en gamme et en prix, de l'initiation à l'immersion.

TALAIRAN

Le sentier des Orchidées – Chemin des Planètes : *domaine Serres-Mazard, 11220 Talairan. ☎ 04-68-44-02-22. 06-85-83-47-83. • serres-mazard.com • À 3 km de Talairan, sur les hauteurs. Résa impérative. Tarif : 10 € (visite commentée du cellier et du sentier puis dégustation des vins du domaine). Visites guidées sur rdv. Compter 2-3h min (voire la journée...).*

Jean-Pierre Mazard est un ***vigneron passionné d'histoire de « son païs »,*** de sa terre, de sa vigne et de son vin. Cette balade est l'occasion d'aborder tous ces sujets, d'abord au cellier du domaine, puis au gré d'***un original chemin de 1,5 km en boucle,*** ponctué de panneaux explicatifs. On ressort proprement enivré de ces senteurs et de l'incroyable profusion d'***orchidées sauvages,*** devenues la ***marotte du vigneron.*** Une vingtaine d'espèces, dont certaines endémiques, fleurissent de mi-mars à mi-juin. Le parcours peut se faire seul, mais on recommande la visite accompagnée, pour déceler les orchidées parmi les triviaux pissenlits !

Label : Tourisme & Handicap.

HÉRAULT

Imaginez un amphithéâtre adossé aux contreforts du Massif central, descendant vers la mer. Un pays entre terre et eau, traversé depuis 1666 par la 1re autoroute maritime, le canal du Midi. On y circule des 1ers contreforts du Larzac et des Cévennes, creusés de gorges profondes, aux garrigues dominées par la silhouette tranchante du pic Saint-Loup, jusqu'à la plaine et ses vignes émaillées de villages à l'accent du Sud.

La gastronomie héraultaise épouse harmonieusement les reliefs de sa région. L'huile d'olive est omniprésente dans la cuisine, et certains domaines proposent de véritables expériences oléicoles. La tradition fromagère se perpétue : on fabrique dans l'Hérault le pélardon (AOP), l'un des plus vieux fromages de chèvre d'Europe ! Quand le lingot Saint-Bousquet d'Orb, qui fleure le thym et le romarin, reste fabriqué par les moines du monastère de Saint-Nicolas de Bousquet-d'Orb depuis des siècles. Quant aux fruits de mer – huîtres, moules, bulots, palourdes, crevettes... –, ils sont cultivés en abondance au bord de l'étang de Thau et de la Méditerranée.

Et la vigne, omniprésente, décline ses fruits sous toutes leurs formes, y compris apéritives. D'excellents compagnons de voyages, dont on découvre l'intimité en explorant leurs processus de production en cours de balade. De quoi mettre tous les gourmands en appétit... de visite d'entreprises !

COMBAILLAUX

Domaine de l'Oulivie : *mas de Fourques, 34980 Combaillaux. ☎ 04-67-67-07-80. • olivie.eu • Visite guidée sur résa de mai à sept, à pied ou en tracteur. Durée de la visite : 1h30 avec dégustation. Boutique : lun-sam 9h-18h30 (juil-août, 9h30-19h).*

Ici, on cultive l'olivier de père en fils depuis 1957. Un métier qui s'enrichit d'une réflexion toujours plus large : ainsi, de raisonnée, la production est passée en ***bio,*** avec l'aide de chevaux. Un ***potager en permaculture,*** un ***jardin de plantes aromatiques,*** un ***poulailler,*** un ***hôtel à insectes*** complètent l'***oliveraie,*** et un rucher école est en projet. Ces différents sites font de cette plantation l'une des plus vastes de l'Hérault avec ses 10 000 arbres sur 30 ha, et un foyer de biodiversité. À pied ou en tracteur, on circule entre végétaux et animaux, on récapitule par un petit film et on termine en beauté – et en saveurs – par une dégustation. Que du bonheur !

OLIVES VERTES OU OLIVES NOIRES ?

C'est bien un seul et même fruit, provenant du même arbre. La verte est cueillie avant d'arriver à maturité, en novembre, et est ensuite conservée dans la saumure. La noire, en revanche, est récoltée plus tard, en décembre ou en janvier, lorsqu'elle est parfaitement mûre. On la pique, on la plonge dans le sel (ou une saumure) et, occasionnellement, on l'accommode d'une lichée d'huile ou d'herbes. Simple question de goût, donc !

LODÈVE

© Didier Herman / Le Mobilier national

Le Mobilier national – Manufacture nationale de tapis de la Savonnerie de Lodève : *impasse des Liciers, 34700 Lodève. Visite guidée sur résa uniquement, jeu et ven à 14h hors vac scol et pdt vac scol jeu à 10h30, 14h et 15h30, ven à 14h. Résa en ligne ou sur place à l'office de tourisme, (7, pl. de la République. ☎ 04-67-88-86-44. ● tourisme-lodevois-larzac.com ●). Tarifs : 7 €/pers ; réduc 5 € ; gratuit moins de 12 ans. Durée : 1h30.*

Installé au pied des contreforts du Larzac, Lodève s'étend au confluent de 2 rivières, la Lergue et la Soulondre. Au bord de l'eau, au pied des maisons aux façades parfois colorées, les jardins potagers sagement alignés rappellent le passé ouvrier d'une cité qui vécut longtemps de l'industrie textile. Le joyau de la couronne en la matière est sa manufacture de la Savonnerie, unique ***annexe de la fameuse manufacture des Gobelins à Paris.*** Elle doit son nom au fait d'avoir été créée au XVIIe s dans une fabrique de savon. Dans cet atelier national, on crée des tapis destinés aux ambassades, à Matignon et à l'Élysée. L'atelier réalise des tapis d'artistes contemporains dans la tradition des métiers de haute lice. Sachez qu'il faut 1 à 7 ans pour fabriquer un tapis, selon une tradition et un savoir-faire qui se transmettent depuis 4 siècles !

Label : France savoir-faire d'excellence.

LE GRAU-D'AGDE

Le Belvédère de la criée : *quai Commandant-Méric, 34300 Le Grau-d'Agde. 06-16-07-09-62. Sur la droite, à l'entrée du Grau-d'Agde. Avr-début nov, visites guidées lun-ven à 10h et 15h. Résa obligatoire. Entrée : 7 € ; réduc ; gratuit moins de 6 ans.*
Passionnante initiative que ce belvédère vitré qui permet de suivre tout le déroulement de la ***vente du poisson*** dans une criée qui voit passer 5 000 à 6 000 kg de marchandise par jour. Maître mot, la rapidité, pour que les acheteurs – poissonniers, grossistes et grandes surfaces – puissent repartir au plus tôt garnir leurs étals et que la chaîne du froid soit respectée. À peine revenus au port, les pêcheurs débarquent directement leur marchandise, répartie en lots, sur un tapis roulant direction la salle de ventes aux enchères. Le crieur n'a alors que quelques secondes pour identifier le lot et déterminer sa qualité et son prix ! Les enchères se déroulent ensuite à l'envers, à « l'hollandaise » : le prix du poisson descend jusqu'à ce qu'un acheteur acquière le lot, en appuyant sur un bouton. Et la caisse de passer ensuite dans la zone d'allotissement où elle sera conditionnée avant son expédition.
La vente se déroule à partir de 15h30-16h, selon l'heure de retour des bateaux, chalutiers ou « petits métiers », que l'on aperçoit s'amarrer à travers des baies vitrées. En plus d'assister à tout le processus, vidéos, panneaux et jeux en apprennent plus sur le monde de la pêche. Toutes les visites sont ***commentées par des animatrices passionnées.*** Si vous êtes plutôt du matin, les visites guidées sur le thème de la pêche en Méditerranée permettent de découvrir un autre aspect de l'activité.

L'Hérault, fleuve éponyme du département

Ce fleuve qui prend sa source dans les Cévennes et traverse le Gard, se jette dans la Méditerranée au Grau-d'Agde. En croisière, on évolue de l'eau salée à l'eau douce grâce à une ***croisière sur le canal du Midi jusqu'à l'étang de Thau.*** On remonte l'Hérault du Grau-d'Agde à Agde, on découvre la cité d'Agde (la cathédrale Saint-Étienne, le château Laurens, le moulin des Évêques et son barrage...) puis on entre dans le canal du Midi par l'écluse ronde d'Agde – unique en France, avec ses 3 directions différentes ! – , on navigue sur le canal du Midi et on passe les écluses de Prades et du Bagnas. La balade traverse la réserve ornithologique du Bagnas avant d'entrer dans l'étang de Thau par la pointe des Onglous à Marseillan – l'occasion de jeter un œil aux parcs à huîtres et moules.
Les Bateaux agathois : *11, quai du Commandant-Méric. ☎ 04-67-01-71-93 06-08-46-60-94 • lesbateauxagathois.com • Avr-oct. Tarif : 25 € ; 13 € 3-10 ans. Durée : 4h30, dégustation d'huîtres et de vin blanc incluse.*

LOUPIAN

Guy Sanchez Huîtres : *port de Loupian, 34140 Loupian. ☎ 04-67-43-83-57. • guysanchez-huitres.fr • Visite guidée mar-ven à 11h, 13h30 et 15h. Durée : 1h15. Compter 7 €/pers, 3,50 € moins de 13 ans ; gratuit moins de 8 ans. Résa : 06-65-11-47-42. Boutique sur place : lun-sam 8h-19h30 (20h sam), dim 9h-13h.*

On connaît les huîtres de Marennes, mais il y a aussi les ***huîtres de Bouzigues*** – les Romains les élevaient déjà ! Cette ***famille d'ostréiculteurs depuis 4 générations,*** installée au bord de l'étang de Thau, a une vraie fibre entrepreneuriale puisqu'elle ne cesse d'agrandir son exploitation et d'élargir son activité à toute la chaine ostréicole. C'est aujourd'hui le plus gros producteur d'huîtres du bassin de Thau en volume, et un des 1ers producteurs à obtenir la certification AB pour sa variété « Thau Bio ».

L'entreprise s'est aussi lancée dans la production d'huîtres de Camargue dans l'anse semi-lagunaire de Carteau sous l'influence du mistral. Elle propose aussi son huître spéciale, la *Signature Sanchez,* une variété au délicat goût de noisette. Ici, on ne s'interdit rien, on tente, on expérimente. ***Visite guidée du mas conchylicole installé au bord de l'étang de Thau,*** une initiation au goût de 3 terroirs différents : gageons qu'ensuite vous ne dégusterez pas ce mollusque de la même façon !

POURQUOI LES HUÎTRES SE VENDENT-ELLES PAR DOUZAINE ?

Ce système de comptage remonte au Moyen Âge : si vous pliez votre main, vous avez la possibilité de compter avec votre pouce les 12 phalanges des 4 autres doigts tout en gardant votre seconde main libre pour manipuler des objets. De plus, 12 est facilement divisible par 6, 4, 3 et 2, ce qui facilite le calcul mental. Une technique rapide et efficace !

Si vous vous passionnez pour les bivalves, vous pouvez tout apprendre à leur sujet juste à côté, à **Bouzigues,** au musée de l'Étang de Thau.

Le musée de l'Étang de Thau : *quai du Port-de-Pêche, 34140 Bouzigues. ☎ 04-67-78-33-57. • patrimoine.agglopole.fr • Juil-août, tlj 10h-13h, 15h-19h ; hors saison, tlj sauf lun 10h-12h, 14h-18h (17h nov et fév). Fermé déc-janv. Entrée : 5 €, réduc ; gratuit moins de 7 ans.* Le musée est dédié aux pêcheurs et bien sûr aux fameux « paysans de la mer » (autrement dit : les conchyliculteurs). On y apprend par exemple qu'***il faut attendre 1908 pour assister aux 1ers essais concluants d'élevage !*** Une très belle scénographie permet de découvrir les différentes techniques de pêche traditionnelle et d'élevage conchylicole passées et présentes, les parcs d'élevage et le mas ostréicole, ainsi que le magasin du pêcheur, des aquariums, une nacelle (embarcation caractéristique). Également un court film sur la conchyliculture et une borne interactive proposant différents reportages sur les questions environnementales auxquelles sont confrontés l'étang et ceux qui en vivent. Expos temporaires.

Et ceux qui ont le pied marin se rendront directement dans les ***parcs à huîtres*** avec **Bleu Marin** *(au port de Bouzigues. 06-03-31-44-90 ; • promenade-bouzigues.fr • ; mai-sept, 3 départs/j. à 11h, 14h30, 16h, départ supplémentaire à 17h30 juil-août, 1 seul départ à 15h avr et oct ; tarif : 14 €, réduc ; groupes :*

© Virginie DAVID

12 €/pers à partir de 10 pers).
Balade en bateau à bord du *Bleu Marin* ! Pendant environ 1h, guidé par un ostréiculteur, découvrez les différentes cordes sur lesquelles grandissent huîtres et moules et les étapes de l'évolution du coquillage. C'est aussi l'occasion de profiter de l'air marin, des paysages sétois et pourquoi pas, à l'arrivée, de déguster les produits directement au restaurant familial, à quelques mètres du port. Une exploration complémentaire : ça y est, vous êtes incollable !

L'ÉTANG DE THAU, CE « MORCEAU DE MER PRISONNIER DES COLLINES »

La lagune de Thau (on parle par ici d'étang, de bassin ou de lagune, n'en soyez pas surpris !) couvre quelque 7 500 ha (20 km de long et 5 km de large). Sa salinité est proche de celle de la Méditerranée. Bien que très construits, ses abords ne manquent pas de charme ni d'attractions diverses : les villages de Bouzigues, Loupian, Marseillan, Mèze, les parcs à huîtres, l'arrivée du canal du Midi, et la poétique Sète, sous l'égide du mont Saint-Clair. Des sites qu'on relie les uns aux autres avec une sympathique balade à vélo.

MARSEILLAN

© Olivier Octobre et Hervé Lecla

Maison Noilly Prat : *1, rue Noilly, 34340 Marseillan. ☎ 04-67-77-20-15. • noillyprat.com • Visite guidée uniquement, tlj à 10h15, 11h, 14h45 et 16h15 (plus 17h mai-oct). Tarifs : 9,50 € (avec dégustation) ; 12-18 ans : 5,50 € ; gratuit moins de 12 ans. Visite de groupe sur rdv, pour 25-49 pers. Tarif : 5,50 €/pers. Durée de la visite : 45 mn. Boutique : mars-déc, lun-sam 10h-12h, 14h30-17h30 ; mai-sept, tlj 10h-12h, 14h30-19h. Atelier cocktails : 20 €. Juin-sept : bar à cocktails 15h-21h.*
Marseillan, port très animé, s'est refait une beauté au fil des ans : quais en pierre basaltique, maisons en pierre noire du volcan d'Agde. Cette petite cité s'enorgueillit de posséder la plus vieille Marianne de France (1878) et un château d'eau relooké avec... des coquilles d'huîtres ! C'est ici que s'installe Louis Noilly en 1850. Son père, Joseph, avait élaboré en 1813 une fabrication originale à partir du processus naturel de vieillissement du vin blanc. C'est la 1re formule de ***vermouth sec français.*** Depuis 1855, l'apéritif Noilly Prat est toujours fabriqué de la même manière : conservé dans de grands fûts de chênes, le vin vieillit dans la fraîcheur des chais puis dans des milliers de fûts alignés dans l'enclos à ciel ouvert. Car ***c'est justement le rapport à l'extérieur qui fait la spécificité du Noilly Prat.*** Sur les anciens voiliers, battus par les vents, les barriques de vin étaient transportées sur le pont. Exposé à la force des éléments pendant ces longues routes maritimes, le vin vieillissait d'une façon unique, rendant sa robe plus profonde et son goût plus intense.
Dans la même logique, les raisins blancs sont récoltés dans des vignes à proximité de la mer. Ces cépages régionaux sont vieillis en plein air dans *l'enclos,* une impressionnante arène à ciel ouvert contenant des centaines de ***fûts de chêne.*** Ils y sont exposés au vent, à la pluie, au soleil et aux embruns méditerranéens. Les fûts ont entre 20 et 60 ans, ainsi le vin n'est pas altéré par les tanins du bois neuf. Les fûts de chêne jouent en effet un rôle si important dans la qualité du vin vieilli que les fûts endommagés sont réparés sur place par des tonneliers de la Maison. Pendant ce temps, d'autres vins mûrissent pendant 12 mois dans le ***chai des Mistelles,*** une des caves originelles de la maison. Certaines cuves en foudres de

chêne peuvent contenir jusqu'à 40 000 l de vin ! Leur oxydation lente produit un vin riche et doré. Puis les vins mélangés arrivent dans les cuves en fûts de chêne de la *salle des Secrets,* et on y fait macérer pendant 3 semaines une concoction d'une vingtaine d'herbes et épices, récoltées autour du monde et assemblées par le maître de chai. Cet ***ingrédient secret*** comprend notamment de la camomille romaine et de la gentiane de France, de la noix de muscade d'Indonésie et de l'orange amère de Tunisie. ***L'herboristerie*** est un lieu magique – transformé en musé – où il fait bon remonter le temps, dans une douce pénombre. Lorsque cette phase est achevée, les herbes et épices sont retirées du vin, et celui-ci repose encore pendant 6 semaines. Le Noilly Prat (décliné aussi en « rouge » et « ambré ») se déguste à l'apéritif, ou sert de base dans certains cocktails comme le classique Dry Martini. Il est aussi utilisé dans bien des sauces, et la maison a développé une gamme de produits gastronomiques : rillettes de Saint-Jacques, foies gras... Que du bon !
Labels : Tourisme & Handicap, Qualité Tourisme, France savoir-faire d'excellence.

Les Caves Richemer (coopérative) : *51, route de Bessan, 34340 Marseillan. ☎ 04-67-77-20-16. ● richemer.fr ● Juil-août, lun-sam 9h-12h30, 15h30-19h ; janv-juin et sept-déc, lun-sam, 9h-12h30, 14h30-18h (mai-juin et sept jusqu'à 18h30). Boutiques à Marseillan : 51, rte de Bessan, 5, quai de la Résistance, av de Sète ; à Agde (34300) : 24, bd du Soleil.*
Le terret blanc, ça vous parle ? Ou le tarret blanc, terret monstre ou encore bourret blanc ? C'est ce ***cépage ancien*** que les caves Richemer ont décidé de remettre à l'honneur. Une typicité déclinée à travers 3 gammes, blanc sec, moelleux et effervescent. Ce cépage trouve sa place dans différents vins occitans ou rhodaniens : côtes-du-rhône, châteauneuf-du-pape, costières-de-nîmes, corbières, languedoc... Différentes animations, balades et dégustations permettent de découvrir ce cépage qui fait de nouveau son chemin dans les cuves. Ainsi, « ***Votre Escale entre Terre et Mer*** » est une ***invitation au voyage dans l'univers viticole.*** Petits ou grands, il y en pour tous les goûts : bar tapas, atelier cuisine, dégustation gourmande, visite immersive au cœur d'un chai ultra moderne en activité, et cerise sur le gâteau : projection spectaculaire à 360° sur écran géant !
Le + : la cave, labellisée Accueil vélo, offre un garage, des sanitaires et un service réparation dédiés. Des VTT sont disponibles sur réservation. À vous le tour de l'étang de Thau à vélo !
Label : Qualité Tourisme Occitanie / Sud de France.

MÈZE

© HAUSER Patrice / hemis.fr

La Noisette d'Oc : *site conchylicole du Mourre Blanc (secteur rose), 34140 Mèze. ☎ 04-67-43-70-66 ou 06-89-84-41-23. • lanoisettedoc.com • Boutique : tte l'année lun-ven 9h-20h, sam 10h-13h, 18h-20h, dim 10h-13h. Pour les groupes, visite découverte avec dégustation, pour les particuliers, consulter le calendrier sur le site pour se joindre à un groupe. Tarif : 13,50 €. Durée : 1h30. Restauration-dégustation possible avr-oct, mar-sam midi.*
La cerise sur le gâteau, la perle sur la bourriche ! En visitant l'***exploitation conchylicole*** de Karine et Yvan sur les bords de l'étang de Thau, vous apprendrez le vocabulaire spécifique du métier et repartirez avec des conseils pratiques sur la façon d'ouvrir les huîtres. Non sans les avoir dégustées, accompagnées du vin blanc local, le picpoul, avec le mont Saint-Clair en ligne de mire. Que du bonheur ! Et n'oubliez pas votre bourriche pour prolonger le plaisir chez vous et mettre en pratique les conseils de Karine.
Bon à savoir : Karine et Yvan accueillent aussi les camping-cars sur leur parking.

MONTPELLIER

Château de Flaugergues : *1744, av. Albert-Einstein, le Millénaire, 34000 Montpellier. ☎ 04-99-52-66-37. • flaugergues.com • ♿ **Caveau et jardins :** ouv en été 9h30-19h en sem, dernière dégustation 18h30 ; w-e 13h-19h, dernière dégustation 18h30 ; hors saison, lun-ven 9h30-18h, sam 14h-18h. **Château :** juin-juil et sept, tlj sauf lun à 11h, 14h et 17h ; w-e l'ap-m uniquement ; le reste de l'année, sur rdv. **Coulisses jardin** (en été) : mer, ven à 10h ; **Coulisses cave** (en été) : mer, sam, dim à 15h. Visite complète (guidée) : 11 € ; visite libre des jardins et du caveau : 8 € ; réduc. Également une formule « Douce Folie » avec visite du château et des jardins, dégustation des vins et déjeuner au resto (90 €/2 pers, sur résa).*
C'est au magistrat Étienne de Flaugergues que l'on doit la plus ancienne des ***« folies » montpelliéraines,*** un petit château harmonieux fin XVIIe-début XVIIIe s,

dont la façade ocre n'est pas sans rappeler les villas toscanes. 10 générations plus tard, la même famille, devenue par le truchement des mariages « de Colbert », du nom du ministre de Louis XIV, vit encore dans les lieux. Le dernier fils, vigneron, soigne les ***vignes, classées Monument historique,*** auxquelles on accède par une allée d'oliviers. Associées à d'autres parcelles disséminées sur l'agglomération de Montpellier (les dernières vignes encore « en ville », 25 ha au total), elles nourrissent une gamme de crus en monocépage ou assemblage, classés en IGP Pays d'Oc ou AOP grès-de-montpellier. Le plus emblématique, la ***« bouteille bleue », Foliae,*** est un muscat sec et fruité.

Idéalement, on l'associe aux bons petits plats du ***restaurant éponyme, Folia,*** sur le domaine *(ouv lun-ven midi seulement ; menu 25 €)*. On s'installe, au choix, dans la fraîcheur de la pierre brute d'une ancienne dépendance du château ou sur la grande terrasse ombragée, pour accompagner les vins produits sous vos yeux d'une cuisine de marché qui se nourrit aussi des fruits du jardin.

À la visite de cave peut s'ajouter la visite du château, véritable musée vivant, méticuleusement entretenu. À l'intérieur, on s'attardera sur l'exceptionnel escalier aux voûtes à clé pendante, avant de découvrir le salon, la salle à manger et différentes salles à l'étage, dotées d'un magnifique mobilier d'époque. La terrasse surplombe un beau jardin à la française, mais c'est dans le ***parc botanique*** attenant qu'on ira volontiers se perdre le temps d'une balade. Sur 4 ha, le parc, classé Jardin remarquable, romantique à souhait, dévoile tour à tour une bambouseraie, des palmiers, un séquoia géant ou encore un astucieux jardin des 5 sens et un potager collaboratif en permaculture. Enfin, de nombreuses ***activités culturelles*** sont organisées toute l'année : pièces de théâtre avec le château pour fond de scène, *afterwork* avec *foodtrucks*, visites guidées musicales, etc. (programmation sur *Facebook*). On produit ici du bon et beau !

PÉZENAS

© photo fabrication / studio Allaux

Les berlingots de Pézenas : *chemin de Saint-Christol, 34120 Pézenas. ☎ 04-67-98-16-32. Visite guidée lun-ven de mai-oct, uniquement le mat à partir de 9h (dernier départ 11h30). Durée : 30 mn. Boutique : lun-ven 9h-12h,*

13h30-17h30 (fermée 2 sem en janv et 1 en oct). Également une boutique en ville : 5, pl. Gambetta (tlj sauf lun et dim mat).

Il était une fois... sous l'Ancien Régime, un marchand ambulant nord-africain qui vendait des morceaux de pain de sucre cuit et étiré dans les rues de la ville. Il confia sa recette au pâtissier de la ville chez qui il cuisait son sucre. Après son départ, ce dernier continua de fabriquer ces ***petits bonbons*** tant appréciés des habitants. Les berlingots de Pézenas étaient nés ! Ils se démarquent des autres berlingots (le nantais pour ne citer qu'un seul exemple) par leur forme rectangulaire et ovale. On reconnaît leur goût grâce à leurs ***bandes colorées,*** qui forment de chatoyants bouquets de douceurs.

C'est donc dans une ***délicieuse odeur*** que l'on assiste à la fabrication de ces friandises composées d'eau, de sucre et de glucose, et parfumées d'essences naturelles. On ne vous en dit pas plus... à vous d'aller visiter la fabrique où se déroulent les différentes opérations ! Et c'est l'eau à la bouche que l'on ressort pour foncer à la boutique faire le plein de confiseries.

SAINT-JEAN-DE-FOS

© OTI-SGVH

Argileum, la Maison de la poterie : *6, av. du Monument, 34150 Saint-Jean-de-Fos. ☎ 04-67-56-41-96. • argileum.fr • ♿ À env 1 km du pont du Diable sur l'Hérault (navette gratuite en été depuis le parking ttes les 30 mn 10h-19h). Début juil-août, tlj 10h-19h ; fév-mars, mar-sam 10h-13h, 14h-18h ; début avr-nov, tlj sauf lun et mar mat, 10h-13h, 14h-18h ; 17-24 déc, tlj 10h-13h, 14h-18h. Fermé le reste de l'année. Entrée : 6 € ; réduc ; gratuit moins de 10 ans.*

Quand la chaleur estivale se fait sentir, il est temps de répondre à l'appel des ***gorges de l'Hérault.*** En complément de la grande plage surveillée du pont du Diable, les téméraires pourront explorer les spots encaissés entre les falaises, très fréquentés en été par les Montpelliérains et autres amateurs d'eau fraîche, pour une baignade dans l'eau verte bouillonnante au creux des marmites de géant. Mais presque tout au long de l'année, on peut s'y rendre pour découvrir ce ***bel espace à la muséographie moderne,*** qui fait revivre un authentique ***atelier de potier du XIXe s.*** L'originalité réside dans les installations ludiques et interactives (vidéos, reconstitutions), qui entraînent le visiteur à la découverte des différentes techniques de fabrication de céramiques. Vivant et pédagogique. Le musée organise également des ateliers pour s'initier à la poterie *(11 €/pers, enfant 9 €, sur résa).*

Si vous souhaitez faire des emplettes, demandez à l'accueil la liste des potiers du village *(brochure disponible avec adresses et contacts à l'office de tourisme ou sur • potiersdestjeandefos.com • ; infos sur les stages et cours également).* Une ***douzaine d'ateliers/boutiques de potiers en activité*** animent les ruelles médiévales de Saint-Jean-de-Fos toute l'année. Passez le pas de la porte et observez ces femmes et ces hommes au travail, qui vous transmettront avec bonheur leur passion et leur savoir-faire. Ils vous montreront le travail de la terre, les différentes techniques utilisées, les fours et répondront à vos questions pour un moment de partage et d'échange. Sculptures sur terre de faïence, fresques, vases, gargouilles, vaisselle, céramique en porcelaine, bijoux... Il y en aura pour tous les goûts !

GARD

Gard... à vous, explosion de charme en vue ! Si on voulait résumer la variété de ses paysages, on dirait : un peu de Méditerranée, un beau morceau de Camargue, beaucoup de garrigue, et un majestueux arrière-plan de montagnes secrètes et rebelles – les Cévennes – qui culminent au mont Aigoual. Ajoutez-y des petites villes au caractère très marqué (Aigues-Mortes, Uzès, Sommières, Villeneuve-lès-Avignon) et de très beaux villages (Aiguèze, La Roque-sur-Cèze, Castillon-du-Gard, Lussan, Sauve, Montclus...) offerts à la lumière bleu argenté du Languedoc... Un cadre idéal pour découvrir des activités épousant cet environnement où le soleil dicte sa loi, assèche l'eau de mer dans les salins, stimule la vigne, alimente les panneaux photovoltaïques...

AIGUES-MORTES

Le salin d'Aigues-Mortes : *rte du Grau-du-Roi, 30220 Aigues-Mortes. ☎ 04-66-73-40-24. • visitesalinaiguesmortes.com • Visite guidée en* ***petit train.*** *De mi-mars à début avr : à 10h30, 14h et 15h30. Avr-juin : 10h-11h30, 14h-17h, ttes les 30 mn. Juil-août : 10h-12h, 13h30-18h, ttes les 30 mn. Sept : 10h-11h30, 14h-17h ttes les 30 mn. Voir horaires sur le site pour le reste de l'année. Tarifs : 11,20 € ; 5-13 ans : 8,70 € ; forfait famille (2 adultes et 2 enfants) : 37 €. Visite de groupe sur rdv à partir de 20 pers. Résa obligatoire. Tarifs : 8,60 €/pers ; 5-13 ans : 7 € ; 1 gratuité pour 20 pers. Scolaires : 4,30 €-8,50 €/pers selon niveau ; 1 gratuité pour 10 pers (appeler avt). Durée de la visite : 1h15. Boutique : d'avr à mi-nov, tlj 9h45-17h30 ou 19h30 selon saison.*

UNE PINCÉE DE SEL

Dans la région, on récolte le sel depuis l'Antiquité. Les fonctionnaires chargés de la récolte et de la commercialisation du sel recevaient une partie de leur solde en sel : le salarium, d'où le mot « salaire ».

Un paysage de marais, de sable et d'eau, « plat désert de mélancolie, frissonnant de solitude »... ***Aigues-Mortes*** offre une part de rêve, un soupçon d'irréel à quiconque l'approche. Ce bout du monde planté entre lagunes, marais et canaux, enfermé entre ses remparts, ne peut que susciter l'admiration. D'ailleurs, ce modèle d'architecture militaire médiévale destiné à défendre la porte vers l'orient du royaume de France est devenu un lieu touristique très prisé. Et les efforts en matière d'environnement ont payé : la Camargue gardoise a obtenu le ***label Grand Site de France.*** C'est dans cet ***écrin environnemental préservé*** que miroitent comme des nappes d'argent les ***tables salantes d'Aigues-Mortes.*** À la fin du XVIIe s, 17 modestes saliniers exploitaient les ***marais camarguais.*** Dure tâche : leur espérance de vie était de 25 ans. Comme le disait un manadier : « Les femmes pouvaient donc espérer se marier trois fois ! » Après les graves inondations de 1842, les propriétaires des terres se sont associés à un négociant montpelliérain pour fonder, en 1856, la célèbre ***Compagnie des Salins du Midi.***

L'exploitation que l'on visite ici couvre une ***superficie totale de 9800 ha*** (soit l'équivalent de Paris intra-muros !). Le site accueille une faune et une flore intéressantes. Le faible degré hygrométrique de l'air et le fort ensoleillement favorisent la production : 15 000 t par jour pendant la récolte. Le sel stocké (entre 400 000 et 500 000 t) forme une impressionnante colline (appelée « camelle ») visible à des kilomètres à la ronde. La visite permet de découvrir d'une part le monde de l'or blanc et le travail du saunier, d'autre part un endroit préservé au cœur d'une nature encore sauvage, à la biodiversité importante. Pendant plus d'une heure, on circule à bord du ***petit train*** qui traverse les tables salantes. On comprend ainsi pourquoi les eaux sont roses avant la récolte...
On peut préférer faire la ***visite à pied*** avec un guide naturaliste *(env 1h45, sur résa, à partir de 8 ans ; départ à 14h30 et 16h30 avr-juin, à 15h30 et 17h30 de juil à mi-sept, à 14h30 mi-sept, oct-nov ; tarifs : 20 €, réduc enfant et forfait famille).* La visite est également possible ***à VTT*** *(à partir de 13 ans)* accompagnée par un guide naturaliste *(avr-juin et de mi-sept à nov, départ à 8h30 et 14h30 ; de juil à mi-sep, départ à 8h30 et 15h30 ; durée env 3h ; possibilité de venir avec sa monture ou de louer un VTT sur place, tarif : 32 € avec loc VTT, 27 € sans).*
Label : Qualité Tourisme.

👓👓 ***Domaine royal de Jarras :*** *rte du Grau-du-Roi, 30220 Aigues-Mortes. ☎ 04-66-51-17-00. • domainedejarras.com • Visites avr-sept : visite du domaine et des chais en petit train suivie d'une dégustation, départ à 10h30 et 15h30, résa conseillée ; 10 €, gratuit moins de 12, groupe à partir de 25 pers : 7,90 €/pers. Visite du domaine en petit train et observation du tri des taureaux, suivie d'une dégustation sur rendez-vous, départ à 10h30 : 14 € ; groupe à partir de 25 pers : 10,90 €/pers à partir de 25 pers. Boutique : avr-sept, tlj 10h-18h ; oct-mars, ven-sam 10h-17h.*
Le domaine possède 400 ha de vignes en agriculture bio, environnées d'une faune et d'une flore remarquables classées Natura 2000. Il se visite à bord d'un ***petit train,*** d'où l'on peut apercevoir les ***vignes plantées dans le sable.*** C'est cette particularité qui les a protégées du phylloxéra au XIXe s, et qui donne son caractère très particulier au vin qui en est issu. La visite se poursuit par la découverte des chais et se termine par une dégustation.
On peut également assister à une ***démonstration de tri des taureaux*** par des ***gardians à cheval.*** En effet, 60 chevaux camarguais, descendants de ceux entraînés par les chevaliers pour les croisades de Saint Louis, composent aujourd'hui la manade.
Label : Tourisme & Handicap.

© FRILET Patrick / hemis.fr

AIGUES-VIVES

© Maïté Galloux

La Botte Gardiane : *ZA Lallemande, RN 113, 30670 Aigues-Vives. ☎ 04-66-73-20-85. • labottegardiane.com • Visite guidée uniquement, sur rdv. Lun-ven 8h-16h30. Résa par tél ou par mail obligatoire : • info@labottegardiane.com • Tarifs : 7 € ; gratuit moins de 12 ans ; scolaires : 5 €/pers, groupe plus de 6 pers : sur demande. Durée de la visite : env 45 mn. Boutique : lun-ven 8h-19h, sam 10h-19h.*

En bordure de la route nationale 113, un ***cheval qui se dresse fièrement sur le toit de l'atelier*** de cette maison fondée en 1958, un atelier qui appartient aux métiers d'art... Les odeurs, les bruits, les cuirs, les mains expertes qui transforment la matière, tout participe à cette plongée dans l'univers de la fabrication de la chaussure. Et pas n'importe quelle chaussure : la ***Botte Gardiane*** s'inspire, pour concevoir ses collections, des ***bottes de gardians et manadiers camarguais,*** ces cavaliers veillant sur les taureaux ; elle est le ***dernier atelier français encore capable de fabriquer les modèles originaux !*** Un atelier aujourd'hui à la fois ***à la pointe des technologies et des normes écologiques.*** Des méthodes qu'on voit s'appliquer tout le long de la fabrication, du choix des cuirs au conditionnement, sur les bottes, mais aussi bottines, sandales, sacs ou ceintures. Un succès tel que 40 % du chiffre d'affaires est réalisé à l'exportation, notamment vers le Japon et les États-Unis et que 2 boutiques lui sont dédiées à Paris.

Labels : Entreprise du Patrimoine Vivant, Fabriqué en Occitanie.

DE LA BOTTE À LA MONTURE

Avec sa robe gris pâle et son crin blanc, le cheval de Camargue constitue l'un des emblèmes du delta du Rhône. Autochtone, comptant parmi les plus anciennes races connues, il est – comme son acolyte le taureau – rustique, un peu sauvage, élevé au grand air plutôt qu'à l'écurie. Pour le monter, le gardian s'équipe d'une selle spéciale, conçue pour le travail plus que pour l'équitation, avec renforts à l'avant et à l'arrière (les meilleures sont cousues main). Des pieds à la tête : chausser des bottes camarguaises, c'est ouvrir la porte à un imaginaire de grands espaces, de liberté et de compagnonnage équestre !

BELLEGARDE

© Un Mas en PROVENCE

Un mas en Provence : *Le Mas Neuf, avenue du Fébrilige, 30127 Bellegarde. ☎ 04-66-01-09-00. • mas-provence.fr • Visites guidées : avr, sept,oct, nov mar-sam à 10h30 et 15h ; mai et juin, lun-sam 10h30, 15h et 16h30 juil-août, lun-sam à 10h, 11h, 15h, 16h et 17h. Durée : 1h. Tarif : 5,80 €/adulte ; 3 €/enfant (avec un pochon de lavande offert). Tarif groupes sur résa, min 20 pers (4 €/pers). Boutique : tte l'année mar-sam 9h30-12h30, 14h-18h (mai à août, lun-sam 9h30-18h30). Fermé en janv.*

Ouvrez grandes vos narines : cette ***visite odorante*** vous emmène à la découverte des ***plantes aromatiques*** de l'exploitation développée par Gaël Briez, en agriculture bio, sur 3 ha. Ici tout est local et maîtrisé, de la plante au flacon. Vous allez comprendre comment, depuis la préparation du sol à la mise en bouteille, on transforme des plantes en huiles essentielles. Mélisse, verveine, lavande, immortelle... que l'on retrouve dans l'élaboration de cosmétiques et en parfumerie, mais aussi dans les tisanes et le miel parfumé de lavande vendus dans la boutique. Pas de doute, la nature vous veut du bien !

Et pour ceux qui souhaiteraient confectionner eux-mêmes leurs produits, des ***ateliers cosmétiques DIY*** sont organisés régulièrement *(durée 1h ; tarif 25 € ; résa par tél).* Sans oublier de nombreuses animations à consulter sur le site (animations distillation gratuites, ateliers divers...).

BEZOUCE

Coutellerie Le Couteau Camarguais : *RD 86, rte d'Avignon, 30320 Bezouce. ☎ 04-66-75-28-21. ● lecouteaucamarguais.com ● Boutique et atelier : tte l'année lun-ven 8h-12h, 14h-18h, sam 9h-12h (avr-juin et sept), 14h-18h (juil-août et déc). Visite de l'atelier lun-sam, stage d'initiation pour fabriquer son propre couteau avec l'aide d'un maître artisan. Visite guidée à partir de 10 pers min.*

Dans les années 1980, Didier Lascombe est contraint de cesser son métier de raseteur (employé des courses camargaises) à la suite d'un grave coup de cornes. Il achète un restaurant en Auvergne où il découvre la coutellerie. De retour à Nîmes, il se forme au métier et ouvre son atelier à Bezouce en 1993. Depuis, son fils Clément continue l'aventure avec lui. ***Chaque pièce est unique,*** fabriquée avec des matériaux différents comme la corne de bélier ou le bois d'olivier mais toujours gravée de la croix camarguaise. Dans la boutique, nombreux produits de la région. Au cours de la visite, découvrez les ***secrets de fabrication*** du maître coutelier (maître artisan en métier d'art), les différentes techniques et les outils utilisés pour créer de nouvelles œuvres.
Label : Qualité Tourisme Occitanie.

LA CROIX CAMARGUAISE

Présente dans toute la région de Nîmes, elle fut créée en 1926 par Hermann Paul qui la conçut et la dessina à la demande du Marquis de Baroncelli. Elle incarne les 3 vertus fondamentales : la Foi symbolisée par la croix et ses tridents de gardians, l'Espérance avec l'ancre des pêcheurs et la Charité avec le cœur.

UZÈS

Musée du Bonbon Haribo : *pont des Charrettes, 30700 Uzès. ☎ 04-66-22-74-39. ● museeharibo.fr ● Juste avt d'entrer dans Uzès, à droite de la route venant de Remoulins. Juil-août, tlj 10h-19h (20h en août) ; le reste de l'année, fermé lun hors vac scol ; dernière entrée 1h avt. Entrée : 10 € ; 8 € 5-15 ans, gratuit moins de 5 ans. Boutique accessible sans passer par le musée (mêmes horaires).*

Sur 4 étages, on vous explique l'histoire de la célèbre marque ***(numéro 1 du bonbon en Europe)*** née en 1920 en Allemagne et dont les sucreries (et la collection d'affiches publicitaires) ont, un jour ou l'autre, marqué votre enfance. Pour s'amuser en famille, un ***espace interactif*** avec manipulations en tout genre inspirées de la fabrication et ponctuées de petits défis à relever. Un espace coloré dans lequel

RAMÈNE TA FRAISE, TAGADA !

Le papa de ces fameux bonbons était allemand. Il baptisa son entreprise d'un acronyme mêlant son nom à celui de sa ville d'origine. « Hans Riegel de Bonn » engendra « Haribo ». En revanche, et contrairement à ce que certains imaginent, comme il n'était pas musicien dans l'âme, ce n'est pas à lui que l'on doit l'immortel « Tagada, tsoin, tsoin... ».

chaque salle est l'occasion de découvrir ou redécouvrir un des bonbons mythiques de la marque et de repartir avec des sachets de bonbons ! Enfin, impossible d'éviter la terrible boutique avec tous les bonbons et oursons colorés de la marque, la plus grande boutique Haribo du monde.

Huilerie Richard – Moulin à huile d'olive d'Uzès : *chemin du Mas-de-France, 30700 Uzès. ☎ 09-86-39-33-59. Tlj sauf dim, 9h-12h30, 14h30-19h ; en été tlj 8h-19h30, dim 10h-13h, 14h-18h. Visite libre gratuite. Visites guidées pour les groupes sur rdv, 2 € à partir de 5 pers.*

L'histoire commence en 1885 à Mollans-sur-Ouvèze, au pied du mont Ventoux dans la Drôme. Henry Richard fabrique son huile d'olive pendant l'hiver, puis il va vendre ses produits de ferme en ferme par colportage : huile, olives et savons... En 1922, son fils établit un premier moulin à Nyons et se fait un nom dans le métier en créant sa propre marque et en enrichissant sa gamme de produits. Dès lors, l'entreprise ne cesse de se développer en se modernisant et en ouvrant de nouveaux magasins. En 2016, mue par la volonté de produire et de valoriser les huiles françaises, elle rachète le moulin d'Uzès. Et depuis 2019, c'est la 5e génération qui est à la tête d'une entreprise forte de 19 camions magasins, 10 magasins et 4 moulins ! Le Moulin d'Uzès est situé dans le berceau de la variété d'***olive picholine,*** la reine des olives, et produit surtout de l'huile d'olive de Nîmes AOP dont vous pourrez suivre l'élaboration durant la visite, suivie d'une dégustation au bar à huile de la boutique.

UN PROCÉDÉ SOUS HAUTE SURVEILLANCE

L'AOP huile d'olive de Nîmes *contient a minima 70 % de picholines, qui lui donnent sa fraîcheur et sa pointe d'amertume. La picholine est elle-même protégée par une AOP et cultivée par toute une galaxie de producteurs, professionnels ou non, du particulier qui ne compte que quelques arbres, à l'oléiculteur en son domaine, le tout sur un territoire s'étendant sur quelques communes de l'Hérault et 183 communes du Gard. Après avoir été lavés, les fruits sont broyés (avec le noyau, qui contient un antioxydant naturel), et la pâte obtenue malaxée pour séparer le solide du liquide. Enfin, la centrifugation sépare l'huile proprement dite de l'eau de végétation. On obtient alors la fameuse huile d'olive « vierge » (ni coupée ni traitée).*

Les Truffières d'Uzès : *830, rte d'Alès, 30700 Uzès. ☎ 04-66-22-08-41 📱 06-07-96-00-56. • lestruffieresduzes.fr • Visite guidée sur résa uniquement (suivant les conditions climatiques) : 10-30 €/pers selon la formule choisie. Boutique : vente de truffes fraîches récoltées sur l'exploitation (selon production) ; mar-sam 10h-13h, 17h-19h.*

Une visite très intéressante pour les gourmands comme pour les autres. L'exploration des 15 ha de truffières permet de découvrir, à travers un ***sentier pédagogique*** très complet, la truffe et son environnement naturel ainsi que la trufficulture. Prenez aussi le temps de visiter l'expo consacrée à la truffe autrefois, avec documents et outils. Mais surtout, durant la période de production, offrez-vous le luxe d'une demi-journée dans les truffières pour ***partir caver*** 2h à la recherche du diamant noir ***en suivant le chien !*** De retour à l'atelier, on participe au triage et au brossage de la récolte du jour, avant de terminer par une dégustation accompagnée d'un verre de vin.

En janvier et février, un ***restaurant éphémère*** est ouvert tous les vendredis et samedis soir pour déguster un menu 100 % truffe. Et pour les mordus de ce champignon, des cours de cuisine sont proposés le samedi matin *(80 €/pers)* pour apprendre à le magnifier.

FÊTES ET MANIFESTATIONS

Printemps

– ***Foire aux chevreaux et aux fromages :*** *w-e des Rameaux, à* ***Arles-sur-Tech.*** Ce rassemblement des chevriers locaux et de leurs savoir-faire est l'opportunité de déguster les produits du terroir. Ne manquez pas de goûter le ***mel i mató*** : du fromage frais de brebis recouvert de miel du pays, une vraie spécialité catalane, un régal !

– ***Fête de la Saint-Marc :*** *3e ou 4e w-e d'avr, à* ***Villeneuve.*** Depuis le XIIe s, fête traditionnelle de la vigne et du vin.

– ***La Main verte :*** *1er mai au château d'Assas, à* ***Vigan.*** • *tourismecevennesnavacelles.com* • Expo-vente et ateliers de pépiniéristes et maraîchers. Une opportunité pour découvrir les AOP/AOC de la région et d'assister à des animations tournées vers le développement durable et la préservation de la biodiversité.

– ***Toques et Clochers :*** *w-e avt Pâques, à* ***Limoux.*** • *sieurdarques.com* • Organisée depuis 1990 par la Coopérative Sieur d'Arques, cette ***grande fête du vin*** se tient chaque année. Quand on dit Limoux, les bons élèves répondent : blanquette. Et ceux qui disent blanquette de veau, c'est 1h de colle ! La blanquette qui nous intéresse ici, loin d'être une copie du champagne, lui est de loin antérieure (elle fut inventée en 1531) ; on raconte même que Dom Pérignon découvrit le vin pétillant de Limoux et, à son retour, il s'en inspira pour peaufiner un assemblage de 3 cépages. Le champagne était né ! L'événement réunit les vignerons locaux, professionnels du vin et de la restauration du monde entier (les « Toques »), comme le grand public (le samedi). En point d'orgue, une vente aux enchères de vins se tient au profit de la sauvegarde du patrimoine architectural local (les « Clochers »).

– ***Marché des potiers :*** *dim et lun de Pâques, à* ***Vigan.*** • *gard.fr* • C'est un immense atelier de poterie à ciel ouvert.

– ***Fête de la Cerise et festival de bandas (fanfares) :*** *fin mai ou 1er w-e de juin, à* ***Céret.*** • *vallespir-tourisme.fr* • La ***cerise de Céret*** est implantée ici depuis plus de 150 ans. Elle est souvent la 1re à mûrir en France, la 1re cueillette étant envoyée à l'Élysée. Participez à la fête avec des dégustations de produits autour du fruit phare du Vallespir, la présence des fanfares ambulatoires typiques des fêtes du Sud de la France, sans oublier le célèbre concours de cracher de noyaux !

Été

– ***Les Estivales de Sommières :*** *lun soir en été, à* ***Sommières.*** • *terroir-de-sommieres-en-languedoc.com* • Rencontre avec les vignerons et dégustation des vins du Languedoc.

– ***Fête de la Transhumance :*** *2e w-e de juin, à* ***Espérou.*** • *sudcevennes.com* • Le tri des troupeaux de brebis qui rejoignent les hauts pâturages offre l'occasion d'une belle fête. Buvettes, animations, démonstrations du travail du chien de berger, tonte et stands de produits locaux : laine, bien sûr, mais aussi miel, charcuterie ou artisanat.

– ***La Semaine des marbres :*** *1 sem début juin, à* ***Caunes-Minervois.*** • *lesmarbrieresdecaunes.jimdo.com* • Caunes-Minervois est connu depuis l'époque romaine pour ses carrières de marbre allant du rouge au vert. Une pierre prestigieuse employée, entre autres, au Grand Trianon de Versailles, au Louvre, à l'Opéra Garnier, au Capitole de Toulouse... Cette semaine permet entre autres aux curieux de visiter des carrières et des démonstrations de sculptures d'art.

– ***Fête des Pêcheurs :*** *à la Saint-Pierre, 28-29 juin, à* ***Gruissan.*** • *gruissan-mediterranee.com* • Messe spéciale, où l'on danse la *scottish,* procession et bénédiction des flots !

– ***Fête de l'Abricot :*** *1 j. mi-juil, à* ***Rivesaltes.*** • *tourisme-rivesaltes.fr* • Depuis plus de 40 ans, cette fête met à l'honneur les producteurs d'abricots de la région.

L'abricot rouge du Roussillon (AOP) fait partie des incontournables sur une table catalane. Au programme : démonstrations de cuisine et se savoir-faire, concours du plus gros mangeur d'abricots et la dégustation de l'***abricotade,*** une boisson dont la recette est gardée secrète !

– ***Fête du Vin*** *: 3e ven de juil, à* ***Fitou.*** • *eterritoire.fr* • Le Pays du Fitou est un vignoble du massif des Corbières, ses vins se remarquent pour leur corps. Ils sont généreux et bien charpentés. Une fête sous l'égide de Bacchus, afin de mettre à l'honneur le savoir-faire des artisans-vignerons du berceau du Fitou.

– ***Fête de l'Olivier :*** *3e w-e de juil, à* ***Bize-Minervois.*** • *fetedelolivier.fr* • Marché des producteurs locaux « d'or vert » – autre vieille tradition du cru – dans une ambiance conviviale et festive.

– ***Fête du Muscat :*** *1 j. fin juil, à* ***Rivesaltes.*** • *tourisme-rivesaltes.fr* • C'est l'occasion de déguster les vins de la région : muscats de Rivesaltes, Banyuls, Collioure et autres appellations du Roussillon dans une ambiance de bal catalan.

– ***Sauv'in :*** *mer soir de juil à mi-août., à* ***Sauve.*** • *ville-de-sauve.fr* • Dégustations de vins et produits locaux.

– ***Festival de la céramique :*** *en août, à* ***Anduze.*** • *festival-ceramique-anduze.org* • La céramique est LA spécialité d'Anduze depuis le XVIIe s avec la naissance du célèbre vase d'Anduze. S'inspirant des vases Médicis, ces grands vases de jardin vernissés aux couleurs chaudes et à guirlandes de fruits et de fleurs, contribuent largement à la notoriété de la ville. Le festival permet de faire perdurer la tradition et la notoriété de la céramique pour le festival au programme : démonstrations, marché, ateliers...

– ***Marché des potiers :*** *2 j. début août, à* ***Saint-Jean-de-Fos.*** • *saintguilhem-valleeherault.fr* • Depuis le XIVe s, Saint-Jean-de-Fos est un village de tradition potière. Des événements autour de la terre sont organisés tout au long de l'année. Le marché est l'occasion d'assister à des démonstrations, des ateliers, des expositions et des visites d'ateliers.

– ***La Foire aux huîtres :*** *1er w-e d'août, à* ***Bouzigues.*** • *icisete.fr* • Depuis 1986, c'est un rendez-vous incontournable pour les amoureux de Bouzigues et de ses huîtres. Des exposants et stands de dégustation sont au programme. Chaque année, de nombreux visiteurs viennent fêter la star du Bassin de Bouzigues.

– Également, ***foire aux huîtres*** *dernier ven de juil, à* ***Marseillan.***

– ***Les Emmuscades :*** *4 soirées juil-août, à* ***Frontignan.*** • *frontignan-tourisme.com* • *Rens à l'office de tourisme pour le programme et les résas.* Brasucade de moules, dégustation de muscat puis projection d'un film en plein air dans un domaine viticole produisant du muscat.

– ***Fête de la Vannerie*** *: 2e w-e d'août à* ***Vallabrègues.*** • *provence-camargue-tourisme.com* • Le village baigné par le Rhône a souvent subi les caprices du fleuve, qui en fait une terre propice à la culture de l'osier. Au XIXe s, on ne comptait pas moins de 250 vanniers dans le village. La fête accueille chaque année des artisans vanniers de toute l'"Europe. L'occasion de découvrir des créations et l'art de la vannerie.

– ***Capelet :*** *14 juil et 16 août., à* ***Marseillan.*** • *ville-marseillan.fr* • Le « Capelet » ou « course à la bigue » est un jeu. Sur une péniche amarrée au milieu du port, les capeleteurs, tour à tour, tentent d'aller chercher des chapeaux disposés à l'extrémité d'un mât savonneux.

– ***Marché des potiers :*** *15 août, à* ***Sallèles-d'Aude.*** • *sallelesdaude.fr* • Sallèles-d'Aude est un village de potiers de plus de 2 000 ans. Ce rendez-vous propose aux amateurs de poterie son marché annuel, avec des démonstrations de tournage, des ateliers enfants, des expos, des producteurs locaux, pour honorer leur vieille tradition gallo-romaine.

– ***Fête du cassoulet :*** *dernier w-e d'août, à* ***Castelnaudary.*** • *audetourisme.com* • Les gastronomes reconnaissent Castelnaudary comme le père du cassoulet (né ici au XVe s), Carcassonne en étant le Fils et Toulouse le Saint-Esprit ! La Fête du cassoulet est la bonne occasion pour goûter la recette originale.

– ***Taste en Minervois :*** *début sept, à* **Homps.** ● *tastesenminervois.com* ● *Entrée payante.* Grande fête célébrant les vins et les vignerons du minervois. Rendez-vous incontournable des épicuriens, c'est le moment de tester les vins et la gastronomie du Minervois. Animations, concerts, dégustations, etc. Hic !

Automne

– ***La fête de l'anguille :*** *1er sam d'oct, à* **Marseillan.** ● *ville-marseillan.fr* ● L'occasion de déguster ce poisson. Les anguilles seront cuisinées persillées, en bourride, fumées sur toast, à la catalane.... En provenance direct des producteurs locaux. Un régal !
– ***Vendanges en Fête :*** *2e w-e d'oct., à* **Banyuls-sur-Mer.** ☎ *04-68-88-31-58.* ● *banyuls-sur-mer.com* ● Parfait pour découvrir le vignoble de Banyuls et de Collioure et ses vignerons. L'arrivée de la vendange se fait par la mer en barques catalanes.
– ***Rencontres européennes de ferronnerie d'art :*** *3e w-e d'oct, ts les 2 ans (années impaires), à* **Arles-sur-Tech.** Pour promouvoir les métiers de la ferronnerie d'art et les savoir-faire artisanaux traditionnels, plus particulièrement ceux de la route du fer du Canigou. L'événement réunit plus de 300 forgerons. 3 jours d'intense « *forging* ». Unique !
– ***Foire de la Pomme et de l'Oignon :*** *4e dim d'oct, à* **Vigan.** ● *cc-paysviganais.fr* ● Cet événement attendu chaque année présente la nouvelle récolte de ses produits emblématiques du terroir cévenol : pomme reinette, oignon des Cévennes, truffes d'Uzès, figues de Vézénobres...
– ***Fête des Châtaignes, du Vin primeur et de l'Agneau du pays cathare :*** *fin oct-début nov, à* **Villardonnel.** ● *audetourisme.com* ● Une manifestation où l'on retrouve les productions phares de cette partie de l'Aude ! La châtaigne de la Montagne Noire est une institution ; « *las castanhas e lo vin novèl fan dansar las filhas de Villardonel* » (« les châtaignes et le vin nouveau font danser les filles de Villardonnel ») dit un vieux refrain occitan.
– ***Fête de la Châtaigne :*** *1er nov, à* **Lasalle.** ● *lasalle.fr* ● Le châtaignier est depuis la nuit des temps exploité dans la région. Chaque partie a son emploi : les feuilles pour le fourrage des moutons et des chèvres, le bois imputrescible pour la fabrication des charpentes, des tuiles, des planchers, des meubles, des tonneaux, des berceaux, des paniers, des outils...

Hiver

– ***Foire au gras :*** *1er dim de déc, à* **Belpech.** ● *audetourisme.com* ● Frais, entier ou découpé, cuisiné ou pas, le foie gras audois est un des fleurons de la gastronomie régionale. Cette foire qui a lieu juste avant les fêtes de fin d'années, permet de s'approvisionner en produits locaux.
– ***Marchés aux truffes :*** *déc-fév, à* **Villeneuve-Minervois.** ● *audetourisme.com* ● Il a lieu une fois par mois, un marché aux truffes et produits du terroir qui donne lieu à des conférences, des ateliers cuisine et des repas gastronomiques autour de ce trésor noir enfoui sous les sols audois.
– ***Journée de la truffe :*** *3e dim de janv, à* **Uzès.** ● *uzes.fr* ● Démonstrations de cavage (quand les chiens ou les cochons cherchent l'or noir), rencontre avec des trufficulteurs. Menus à base de truffes dans les restos de la ville.
– ***Fête de l'Orange :*** *3e w-e de fév, à* **Banyuls-sur-Mer.** ● *banyuls-sur-mer.com* ● Au programme, des expositions et animations autour des agrumes et un marché des producteurs. Gourmandise et convivialité, c'est l'occasion de tester les *bunyetes,* des beignets craquants aux subtiles saveurs de fleur d'oranger et d'agrume. Ou la fameuse *rosquilla* (ou rousquille), un biscuit rond aromatisé à l'anis et aux agrumes, recouvert d'une couche de sucre glace. Fameux !

LA CHAÎNE PYRÉNÉENNE

• Carte *p. 22-23*

Jeune et vigoureuse, la chaîne des Pyrénées, dominée par le Vignemale côté français, ferme l'horizon du sud-ouest de la France vers l'Espagne. Les vallées constituent chacune un univers à part qui semble partir à l'assaut des cimes enneigées une longue partie de l'année, entre des forêts sombres et de hauts pâturages, vers quelque cirque ruisselant de cascades au milieu d'inaccessibles éperons. Autant de sources et de rivières qui se rejoignent pour aller fertiliser le secteur.
Dans les Pyrénées, on ressent l'influence des montagnes dans les productions du terroir : charcuteries, préparations de gibier, fromages de brebis, petits-gris et touron – une friandise aux amandes cousine du *turrón* espagnol – sont au rendez-vous. Il y en a pour tous les goûts !
On peut aussi y observer près de la moitié des espèces animales et végétales de France ; l'agriculture est très présente sur le territoire. Parmi les stars locales : l'oignon de Trébons, le haricot tarbais, le porc noir de Bigorre, le mouton de Barèges-Gavarnie, la viticulture, les élevages de brebis et de chèvres.
Le tourisme constitue par ailleurs la 1re activité économique de la zone (3,2 millions de touristes recensés dans les Hautes-Pyrénées en 2018, et plus d'un million de nuitées en Ariège entre mai et octobre 2021). Pour découvrir les productions attendues ou inattendues du territoire, faites comme eux !

L'ORIGINE LÉGENDAIRE DES « PYRÉNÉES »

Pyrène était la fille d'un souverain qui hébergea Hercule. Alors que la jeune femme tombait follement amoureuse du dieu musclé, Hercule préféra partir, certainement pour terminer ses 12 travaux. Pyrène s'enfuit pour le retrouver et mourut dévorée par un ours. Catastrophé, Hercule érigea un mausolée en amassant d'énormes rochers, donnant naissance aux... Pyrénées !

HAUTES-PYRÉNÉES

Quand on évoque les Hautes-Pyrénées, on entend souvent « Lourdes » et puis « pic du Midi », « Gavarnie », « parc national des Pyrénées »... Au début du XIXe s, les romantiques se sont entichés de ces montagnes et de leurs brumes, et si la jet-set de l'époque a fait la gloire des stations thermales, si quelques conquérants de sommets ont inventé le « pyrénéisme », beaucoup de coins superbes à l'écart des grands itinéraires touristiques restent à découvrir. Les Hautes-Pyrénées empruntent au Comminges, à l'Armagnac (partageant ainsi avec le Gers le vignoble de Madiran) et offrent donc des paysages beaucoup plus variés que leur nom veut bien le laisser croire. Une raison de plus pour découvrir les tours de main, techniques et secrets des professionnels du coin.

BEAUDÉAN

Vie d'Estive : *à Beaudéan, en haut du village. 06-42-99-85-44. • viedestive.com • Ouv tte l'année, sur résa. Compter 9-69 €/pers selon activité, goûter, pique-nique ou repas compris ; 7-25 € moins de 10-12 ans.*
Toute l'année, Yan et Cédric, 2 bergers fort sympathiques, organisent des activités ludiques et familiales pour ***faire découvrir la vie de berger et le pastoralisme,*** une tradition ancestrale dans les Pyrénées. Balade de bergerie en bergerie, tétées et soins aux agneaux, sortie du troupeau sur les pâturages d'altitude, nuit en cabane *(2-4 pers)* avec histoires au coin du feu : plongez dans le quotidien de la vie en estive ! À 1 000 m d'altitude, on prend plaisir à glisser nos pieds dans les bottes des bergers et à suivre le troupeau joyeusement encadré par les ***patous.*** Le meilleur pour la fin : ***dégustation de produits de la ferme à l'arrivée, au coin du feu ou face au Pic du Midi !*** La plus belle des initiations professionnelles. Les fans prolongeront l'expérience avec une nuit dans une cabane enterrée, logement traditionnel, et une participation aux activités de la ferme *(à partir de 85 €/nuit).*

GÈDRE

EDF – Centrale hydraulique de Pragnères : *hameau de Pragnères, 65120 Gèdre. 07-85-36-89-09. • valleesdegavarnie.com • Espace EDF Pragnères : juil-août, lun-ven à 10h30, 11h30, 14h, 15,h, 17h et dim 17 juil-21 août, visite de groupe hors juil-août sur rdv. Inscriptions sur • edf.fr/visite-redf • ou par tél au 07-85-36-89-09. Tarif : à partir de 10 € ; 8-18 ans : à partir de 6 € ; gratuit moins de 8 ans : ; forfait famille (2 adultes + 1 ou 2 enfants) : à partir de 24 €. Durée de la visite : 1h15 env.*
Doté d'un emplacement exceptionnel sur le site de la centrale hydraulique, l'Espace EDF Pragnères propose un ***circuit pédagogique*** riche en découvertes grâce à des maquettes, synoptiques et photos. Ce parcours original propose aux visiteurs de revivre la formidable épopée humaine qu'a constituée la construction de ce site.

Il permet également de comprendre la « cueillette de l'eau », une technique mise au point par EDF. De plus, l'Espace offre une ***vue directe sur la salle des machines*** de la centrale hydraulique de Pragnères, la plus moderne et la plus puissante des Pyrénées. Elle est l'un des ouvrages hydroélectriques de la ***haute vallée du Gave-de-Pau.***

Entre 1947 et 1953, tout un ensemble d'aménagements hydrauliques a été réalisé dans cette vallée. Il comporte des centrales et des barrages qui s'étagent de 2 150 m à 1 100 m. L'eau des massifs du Néouvielle et du Vignemale est collectée par une quarantaine de prises d'eau puis acheminée par des galeries souterraines jusqu'aux conduites forcées. Au-delà de Pragnères, l'ensemble comprend également les centrales de Gèdre, Esterre, Luz et Pont-de-la-Reine, ainsi que 2 stations de pompage. Elles permettent, en période creuse, où la demande d'électricité est faible, de remonter l'eau vers le réservoir supérieur, remplissant le lac de retenue. Ainsi, en période de pic de consommation, l'eau est à nouveau turbinée pour produire de l'électricité quand il y en a le plus besoin. ***L'électricité est donc stockée sous forme d'eau,*** ce qui est plus économique.

LOMBRÈS

Lou Lombrès : *65150 Lombrès. ☎ 05-62-99-02-19 • loulombres.com • Lun-mar, jeu-ven 9h30-12h (plus 15h-18h30 mai-sept). Tarif atelier : 45 €, sur résa obligatoire.*

À l'origine, au début des années 1900, la famille Uchan possédait 18 ha, puis 34 ha en 1973, dédiés à leurs vaches – mais, en 2001, la production laitière cesse. Elle achète depuis leur lait à 3 agriculteurs, et continue la ***fabrication de fromage de façon traditionnelle.*** À votre tour, devenez fromager le temps d'une journée dans cette entreprise à taille humaine ! Michel et Florent proposent d'abord une visite guidée suivie d'une dégustation de produits, puis c'est à vous de jouer et de passer à l'étape de la fabrication. Une fois le fromage affiné par les soins de l'équipe, vous recevrez chez vous le fruit de votre labeur pour le déguster en famille ou entre amis. ***Manger ce qu'on a produit de ses mains,*** voilà qui est vraiment original à notre époque ! En option, nuit en chambre d'hôtes possible.

MAUVEZIN

Le moulin de la Ribère : *35, rte des Bandouliers, 65130 Mauvezin. ☎ 05-62-39-05-51. • moulindelaribere.com • Mai-oct, visite dim et mar à 15h ; le reste de l'année, sur rdv. Tarifs 6 € ; réduc. Stages de fabrication de pain sur résa, juin- oct (tarifs : 50 €/pers ; 18 € pour les 5-12 ans).*

Cet ancien moulin à eau broyait la farine de blé jusque dans les années 1960. Jeune retraité, Pierre Cabarrou l'a entièrement restauré : le système a été conservé et fonctionne de nouveau. Il propose désormais de la ***farine bio*** à la vente, produite selon le procédé de la ***mouture à l'ancienne*** : à la meule en silex actionnée par la force de l'eau.

Des ***stages de fabrication de pain*** sont aussi organisés. Dès 9h, votre journée de boulanger commence par un café avant l'épreuve du pétrissage. S'ensuit un agréable ***pique-nique*** en groupe avant de passer à l'étape du façonnage des pâtons et de la mise en corbeille. On découvre ensuite le moulin et on fait chauffer le four à bois avant d'y glisser son œuvre. 1h plus tard, vous repartez

© Lauragais Tourisme

avec votre pain sous le bras ! Une expérience qui s'allie parfaitement avec la précédente : du pain, du fromage, que demander de plus ?

Envie de prolonger l'expérience et de découvrir un moulin tout à fait particulier ? Rendez-vous au ***moulin à six ailes :*** *lieu-dit* ***Le Gril*** *à* ***Nailloux*** *(en Haute-Garonne, 31). ☎ 05-62-57-09-68 (office de tourisme). À 3,5 km de Nailloux, en direction de Saint-Léon. Possibilité de visite commentée lors des vac scol ou sur rdv ; se renseigner auprès de l'office de tourisme. 18 pers max. Tarif : 4 € ; gratuit moins de 3 ans.* Il était une fois au pays de Nailloux... Il fallait bien 6 ailes pour moudre le grain dans ce beau « moulin rouge ». Parce que le vent d'autan faisait la sieste ? Non, à cause d'un voisin un peu borné qui rehaussait progressivement la façade de la bâtisse en vis-à-vis du moulin, lui coupant ainsi la force du vent. Le meunier ajouta alors 2 ailes et le tour fut joué. La visite commentée comprend un atelier de fabrication du pain où chacun met la main à la pâte et repart avec son petit pain chaud !

MONTGAILLARD

Biscuiterie Védère : *423, route de la Gare, 65200 Montgaillard. ☎ 05-62-91-63-33. • biscuitierievedere.com • Fermé lun mat hors vac scol. À partir de 6 ans. Visite guidée en vac scol seulement, sur rdv. Mar-jeu à 9h30. Visite de groupe possible sur rdv, 5-25 pers. GRATUIT. ♿ Durée de la visite : 1h. Boutique : lun-sam 9h30-12h30, 14h-19h, dim et j. fériés 15h-18h30 (salon de thé jusqu'à 18h).*

Au début du XXe s, Jean Brau cuit et vend dans sa petite échoppe de Tarbes les traditionnels ***biscuits des Pyrénées*** (une variété locale de biscuits à la cuillère) dont se régalent tous les gamins et les gourmands du coin. À Montgaillard, au pied du pic du Midi, entre Tarbes et Bagnères-de-Bigorre, Paul Védère cuit le pain, pendant que son fils tente de ressusciter les pâtisseries qu'il mangeait enfant, comme les ***tourtes*** de sa grand-mère. C'est en 1950 que débute la saga qui transformera la boulangerie en pâtisserie de renom. Les tourtes plaisent tellement que l'échoppe familiale s'agrandit et rachète la petite fabrique de Jean Brau, élargissant du même coup son savoir-faire et sa gamme. Aujourd'hui, la biscuiterie se fournit toujours en produits locaux (blé et œufs gascons) pour produire gâteaux, biscuits et boudoirs des Pyrénées, et bien sûr les fameuses tourtes que vous verrez sortir des fours lors de la visite guidée. Toutes les étapes de la fabrication vous seront montrées : depuis le laboratoire où se prépare la pâte à la cuisson des gâteaux avant une dégustation dans un lieu original : ***un wagon SNCF transformé en salon de thé !***

Label : Tourisme & Handicap.

SAINT-LARY-SOULAN

La Vignécoise – Maison Coustalat : *rte de Vignec, 65170 Saint-Lary-Soulan ; en venant de Saint-Lary, sur la droite juste après la Neste d'Aure. ☎ 05-62-39-48-09. • lavignecoise.com • Visite guidée et gratuite de l'élevage de porcs noirs de Bigorre, en juil-août lun-jeu à 16h, le reste de l'année mer à 17h (avec dégustation). Boutique : lun-ven 9h-12h, 14h-19h ; sam 14h-19h.*

La famille Coustalat est la ***dernière famille d'éleveurs du village*** : canards gras, veaux et bœufs qu'ils mènent encore en estive et, surtout, ***porcs noirs de Bigorre.*** Après avoir contribué à sauver la race, ils en font inlassablement la promotion. La visite, à travers champs, est un joli moment de partage et d'échange. Et l'on comprend mieux tout ce qui fait l'excellence de ce produit d'exception (4 ans pour un jambon !). Les porcs sont élevés en semi-liberté, nourris dans les règles du lard à raison de 25 cochons par hectare. Les enfants pourront leur apporter le goûter et les câliner... Patrice propose aussi des ***matinées « transhumance »,*** pour voir ses vaches en estive *(uniquement en juil-août, payant et sur résa, casse-croûte compris)*. À la boutique, vente de leurs produits.

© La Vignécoise - Maison Coustalat

EDF – Centrale hydraulique de Saint-Lary-Soulan : *parc Benoît-Fourneyron, 65170 Saint-Lary-Soulan. ☎ 05-62-39-50-00 (office de tourisme de Vielle-Aure). • edf.fr/hautes-pyrenees • Juil-août : visites guidées mar et jeu (hors j. férié), sans résa départs à 10h, 14h et 16h. Hors saison : visites guidées jeu ; vac scol : sans résa, départs à 10h, 14h et 16h ; hors vac scol : sur résa seulement, départs à 9h et 17h. Résa par tél auprès de l'office de tourisme de Vielle-Aure. GRATUIT. Durée de la visite : 1h-1h30. Pour les inscriptions, voir sur le site • edf.fr/visiteredf •*

Dès le début du XXe s, les Pyrénées ont été équipées d'un ensemble de barrages et de centrales hydrauliques destinés autant à réguler le débit des torrents qu'à produire de l'électricité.

L'Espace EDF Saint-Lary se situe au pied de la centrale hydraulique de Saint-Lary-Soulan, au cœur de la plus importante station de ski des Pyrénées et à proximité de la superbe réserve naturelle de Néouvielle. Maquettes, films et cartes des vallées d'Aure et du Louron rendent la découverte de l'énergie hydraulique, ***1re des énergies renouvelables,*** ludique et attrayante. Le point d'orgue de la visite est l'entrée sur la ***plate-forme en surplomb de la salle des machines,*** qui permet une immersion dans le quotidien des exploitants et de mieux comprendre le fonctionnement d'une centrale hydraulique.

SOUBLECAUSE

Domaine Pichard : *à Soublecause (65700), à 4 km au sud-est de Madiran. ☎ 05-62-96-35-73. • domainepichard.com • Tlj sauf dim 9h30-12h30, 13h30-18h.*

Un domaine au sol maigre, silico-argileux, très caillouteux, où l'exposition plein sud à mi-coteau permet d'obtenir des ***vins de très grande qualité,*** bio. On y visite des chais à foudres où se vendent de vieux millésimes jusqu'à 20 ans d'âge, ce qui est très rare. Le vin est de belle robe grenat profond, au nez complexe dominé par les fruits cuits et des notes de torréfaction, avec des tanins mûrs.

On goûtera aussi le pacherenc-du-vic-bilh, mêlant richesse aromatique et persistance, avec des connotations de noisette et d'abricot, tout en charme.

VIN BIO, KÉZACO ?

La certification en agriculture biologique (label national AB en France) va plus loin : l'exploitation et ses produits doivent obéir à un cahier des charges strict, dont un organisme indépendant vérifie le respect. L'ambiguïté sur le vin tient à la différence entre 2 étapes : la culture du raisin et la vinification. Ainsi, la viticulture doit se faire sans désherbage ni traitement issu de produits de synthèse, et uniquement avec des produits moins transformés, tels que des décoctions de plantes, du dioxyde de soufre (contre l'oïdium) et du sulfate de cuivre (contre le mildiou). Mais jusqu'en 2012, aucune contrainte sur la vinification ! Désormais, la mention « vin biologique » intègre également des contraintes sur la vinification : l'origine biologique des intrants, un taux de sulfites inférieur à celui des vins conventionnels et l'interdiction de certaines pratiques, comme la thermovinification.

TARBES

Haras de Tarbes et la Maison du cheval : *70, rue du Régiment-de-Bigorre, 65000 Tarbes (entrée par le chemin de Mauhourat). 06-32-44-87-13 et 06-14-12-30-30. • ifce.fr • Juil-août, visites guidées payantes tlj à 10h30 et 16h ; spectacles et animations équestres gratuits sur résa ; également des portes ouvertes w-e 14h-19h (GRATUIT) ; hors juil-août, sur résa et portes ouvertes le dernier w-e du mois. Tarif visite guidée : 7 € ; réduc.*
Créé en 1806 par Napoléon Ier, aujourd'hui ***monument historique classé,*** ce haras s'étend sur 9 ha de verdure, ***en plein cœur de la ville.*** Il est le reflet d'une ville de garnison qui, pour les besoins de sa cavalerie de hussards, expérimenta de savants croisements de races (à partir du cheval tarbais) et permit la naissance de l'anglo-arabe. Aujourd'hui, les chevaux de la section militaire et de la police montée tarbaise y sont formés. Des séances d'équithérapie (soin psychique médiatisé par le cheval) s'y déroulent également.
Le ***parc*** compte plus de 70 espèces d'arbres dont les nombreuses essences avaient toutes une utilité, 2 siècles auparavant, dans la vie quotidienne du lieu. En compagnie de Manuela et Cécile, on visite la ***maison du cheval, les écuries d'architecture Empire, la sellerie d'honneur et le garage de voitures hippomobiles.*** L'après-midi, présence du maréchal-ferrant battant le fer.

ARIÈGE

Entre la Catalogne et la Gascogne, l'Ariège est une véritable terre de prédilection pour les amoureux d'une nature préservée. Près de la moitié du département est classée en Parc naturel régional des Pyrénées ariégeoises, soit environ 2 400 km² ! Que ce soit lors d'une randonnée entre crêtes et vallées, à pied, à vélo, à cheval, ou au fond d'une grotte sur les traces de nos lointains ancêtres, l'Ariège offre un retour aux choses simples et authentiques.
Mais c'est aussi une terre d'aventures humaines. Vous y rencontrerez de jeunes (ou moins jeunes) entrepreneurs, ariégeois ou venus d'ailleurs, séduits par la qualité de vie exceptionnelle de ce petit coin de France. Ils ont fait le choix de s'installer ici, en développant de nouvelles activités, en tissant tout un réseau social et culturel local.

BÉLESTA

Silicorne Vallée : *hameau Le Gélat, 09300 Bélesta. 06-89-52-63-52. • siliconevallee.com • valleypicks.com • À env 18 km à l'est de Montségur. Tlj 10h-18h sauf lun-mar (hors saison). Mieux vaut téléphoner avt hors saison.*
Anciens archéologues, Arielle et Jean ont monté en 2013 leur propre atelier pour ***travailler la corne de vache.*** Ils confectionnent de magnifiques pièces inspirées de l'art préhistorique, de civilisations pré-égyptiennes... De nombreux musées en France font appel à leur talent pour des reproductions de pièces. Ils prendront le temps de vous accueillir dans leur ***atelier niché dans une ancienne ferme*** et de répondre à toutes vos questions sur leur métier. En plus des objets utilitaires, bijoux et boîtes, ils fabriquent des médiators pour guitares et basses. L'occasion idéale pour les musiciens d'en faire réaliser un sur mesure pour leur instrument !

CAMARADE

Mohair Pyrénées : *aux Moulis, 09290 Camarade. ☎ 05-61-69-91-59. • mohair-pyrenees.com • À 9 km à l'ouest du Mas-d'Azil. Juil-août, visite guidée tlj à 15h, 16h, 17h et 18h ; sept-juin, mer-sam à 16h. Tarifs : 4 € ; ½ tarif moins de 18 ans. Boutique : sept-juin, mer-sam 15h-19h (tlj en été).*

La ferme est située au pied des Pyrénées, à 10 km de la grotte du Mas d'Azil, à 600 m d'altitude. On peut y accéder par le ***sentier de randonnées des 4 dolmens*** depuis le Mas-d'Azil sur un site Natura 2000. La ferme compte 140 chèvres angora élevées pour leur toison : le mohair, une fibre textile naturelle d'une grande légèreté qui procure chaleur et douceur (le mohair est 2 fois plus chaud que la laine de mouton). Au cours de la visite guidée de l'élevage, on vous expliquera toutes les étapes de la transformation de la laine et, selon la saison, vous pourrez même peut-être assister à la naissance des chevreaux (au printemps) ou à la tonte des chèvres (août et fév). Inutile de vous dire que les enfants adorent ! En boutique, belle production de mohair à tricoter, pulls, couvertures...
Label : Fabriqué en Occitanie.

LAVELANET

Les Tissages cathares : *4A, av du Maréchal-Leclerc, 09300 Lavelanet. ☎ 05-61-05-84-16. • tissages-cathares.fr • Lun-ven 9h30-12h, 14h30-18h ; sam 10h-12h30, 14h-18h. Visite de l'atelier sur rdv lun-ven à 10h30 et 16h30 (sauf août).*

Depuis 4 générations, la création, le tissage et l'ensemble des produits de cette entreprise sont ***entièrement fabriqués en France, dans le respect de la tradition et de normes sociales et environnementales. Linges de maisons mais aussi sacs, espadrilles,*** tout est confectionné avec des tissus rayés de qualité, aux belles couleurs ensoleillées, au cœur des

LA GROTTE DU MAS-D'AZIL

La seule caverne d'Europe que l'on traverse en voiture : voilà un accès intéressant à une entreprise ! En effet, sur 420 m, la route (D 119) y suit le cours de l'Arize. Cette dernière, butant contre la paroi de la falaise pendant quelques dizaines de milliers d'années, la tarauda et l'infiltra pour provoquer cet impressionnant effondrement. L'entrée mesure près de 80 m de haut et 70 m de large. Dans cet immense abri naturel se réfugièrent d'abord des ours, puis les Aurignaciens (40 000 ans BP – before present –, les Magdaléniens (16 000 ans BP et les Aziliens (12 000 ans BP). Ce fut aussi un haut lieu de résistance pour les huguenots au moment du siège du Mas-d'Azil par les armées royales de Richelieu.

Pyrénées ariègeoises, à quelques kilomètres du célèbre château cathare de Montségur. La visite permet de voir les ateliers de tissage mais aussi l'atelier de confection, ainsi qu'une machine à matelasser. Et profitez de la boutique d'usine pour vous équiper avec des produits de qualité *made in* France, et des vêtements 100 % occitan « DePhilàPat ».

L'héritage cathare

« Deux forces se partagent l'univers : le bien et le mal, l'ombre et la lumière. Il faut choisir son camp. » Ainsi parlait Manès, disciple de Zarathoustra dans la Perse du IIIe s. Il fut entendu : le roi de Perse le fit écorcher vif. Mais 1 000 ans plus tard et 6 000 km plus loin, ses adeptes (les manichéens) sont toujours là. Entre-temps, nos manichéens ont pris le nom de pauliciens pour s'installer en Anatolie. Les empereurs byzantins les persécutent, puis les expédient dans les Balkans. En Bosnie, le bogomilisme, mouvement spirituel et religieux né en Bulgarie des bogomiles, devient quasiment religion officielle, avec un antipape qui envoie ses messagers jusqu'à Toulouse. Bogomiles, vaudois, cathares, albigeois... L'hérésie a ses saints (les parfaits), son au-delà (la réincarnation), son sacrement (le consolamentum, accordé aux mourants) et des exigences d'égalité, de chasteté et de pureté totale (interdiction de manger de la viande) que ne devait guère incarner la société de l'époque.

Partout, évêques et princes répriment. Partout, sauf dans le Languedoc. Là, beaucoup d'entre eux ont rejoint la cause. Les missions envoyées par le pape s'y heurtent aux plus grands seigneurs. En 1207, son légat est assassiné. À Rome, on tremble : si l'hérésie gagne les centres du pouvoir, c'est la fin des haricots ! Innocent III proclame la croisade.

Mais ceux qui n'ont pas été brûlés ont pris la route des Corbières. Là-haut, de petits seigneurs mènent toujours la guérilla. Les croisés devront réduire un à un leurs nids d'aigle. Puylaurens, Peyrepertuse et surtout Montségur, la « Synagogue de Satan », où les cathares tenaient leurs conciles. Pour fêter sa prise en 1244, on allume un grand bûcher. Nobles, bourgeois et gens d'armes confondus, 315 cathares s'y jettent plutôt que de se renier. Puis, 11 ans plus tard, Quéribus est pris. Tout est fini, le pape est content. Mais plus de 700 ans après, on en parle encore...

Pour approfondir, n'hésitez pas à vous rendre au musée du Textile et du Peigne en corne.

Musée du Textile et du Peigne en corne : *65, rue Jean-Canal, 09300 Lavelanet. ☎ 05-61-03-89-19. • museedutextileariege.fr • ♿ Avr-oct, tlj sauf lun et 1er mai 14h30-18h (plus 10h-13h juil-août). Entrée : 7 € ; réduc ; gratuit moins de 7 ans. Journées d'animations spéciales avec démonstrations par des artisans (tarif : 10 €), se renseigner pour les dates. Visite seule avec audioguide ou guidée ; compter 2-3h. Propose des ateliers d'initiation et de création (payants).* Aménagé dans une ancienne usine, ce musée passionnant retrace l'évolution de l'activité textile et du peigne en corne, des activités qui ont longtemps rythmé la vie de Lavelanet et de ses environs. Toutes les étapes sont évoquées : ***filage, teinture, tissage,*** etc. Le parcours est jalonné d'authentiques machines actionnées sous vos yeux lors des visites guidées (que l'on vous recommande vivement !).

ORLU

3 pictos **EDF - Centrale hydroélectrique d'Orlu :** *Les Forges d'Orlu, 09110 Orlu. ☎ 05-61-03-06-06 (Observatoire de la montagne). • observatoire-montagne.com • Espace EDF Odyssélec Orlu : juil-août, 3 visites/j. (11h, 14h, 16h) mar-ven ; sept-oct, 1 visite/j. jeu-ven. Places limitées, résa par tél. GRATUIT. Durée de la visite : 1h30.* ***Port de chaussures fermées obligatoire.***

La centrale hydroélectrique d'Orlu est située dans le sud-est de l'Ariège, près de la station thermale d'Ax-les-Thermes, dans la vallée de l'Oriège, dite aussi vallée d'Orlu. L'énergie de cette rivière fut utilisée dès le Moyen Âge : une petite forge hydraulique y est déjà signalée en 1292. Son avatar moderne est la centrale hydroélectrique d'Orlu, 3e centrale de l'Ariège par la taille. En service depuis 1958, elle était même à l'époque la plus haute chute hydroélectrique du monde.

La centrale d'Orlu exploite les eaux accumulées dans le ***lac de Naguilhes*** (à 1 900 m d'altitude), et dans 2 autres petits lacs de barrage situés sur des torrents adjacents. Sa puissance est de 90 mégawatts.

Comme toutes les centrales hydroélectriques des Pyrénées, celle-ci sert à produire de l'électricité pendant les ***périodes de pointe de la demande.*** Elle est capable d'approvisionner l'équivalent de plus de 45 000 habitants.

L'Espace EDF Odyssélec Orlu est le seul qui se visite en Ariège. Il est doté d'un parcours de ***visite à la fois ludique et pédagogique,*** qui reflète l'environnement dans lequel se déroule la production d'électricité dans le département. Les maquettes et films aident à mieux comprendre l'énergie hydraulique. Les visiteurs découvrent non seulement l'extérieur du site, mais plongent aussi au cœur du fonctionnement de l'usine, avec une vue directe sur la salle des machines de la centrale d'Orlu.

La visite du site EDF peut être combinée avec celle du ***musée de l'Observatoire de la montagne*** (entrée payante), qui invite à la découverte des villages et des cultures environnantes, et à l'observation de la faune et de la flore de la réserve naturelle d'Orlu. Cet organisme propose un très beau musée, reconstituant les divers niveaux que l'on trouve en montagne : villages et cultures, forêts de feuillus et de résineux, prairies et crêtes. Films et documentaires, vitrines thématiques, bornes interactives pour approcher la montagne d'un peu plus près. Le billet d'entrée, si vous commencez par là, inclut la visite des installations (turbines...) de l'usine hydroélectrique. Des sorties de découverte de la nature sont proposées dans la réserve naturelle d'Orlu, comme des observations de la faune sauvage, en particulier des isards (la version pyrénéenne du chamois des Alpes). À proximité également se trouvent les ***centrales EDF Teich et d'Orgeix.*** Un sentier d'interprétation a été aménagé autour de chacune d'entre elles pour comprendre leur fonctionnement et se familiariser avec la ***Réserve nationale de faune d'Orlu.***

SAINT-GIRONS

Pyrénées Fils et Laines : *13, rue de la République, 09200 Saint-Girons. ☎ 09-53-93-88-75. Tlj sauf dim-mar 9h-30-12h30, 15h-18h30 (13h sam). Cafés tricot ttes les sem : 3 €/pers. Programme • facebook.com/Pyrenees.Fils.et.Laines •* De prime abord, on voit une boutique qui vend le travail de plusieurs producteurs de laine de l'Ariège, et où l'on se fera un plaisir de vous renseigner et transmettre les ficelles du métier. Mais derrière cette façade se révèle une association qui a pour objectif de fédérer la filière laine dans le département. Elle propose la ***Boussole des Laines***, une route pour découvrir les producteurs qui ouvrent leurs exploitations aux visiteurs. Également des ateliers payants *(10-20 €)* pour s'initier et mieux comprendre le travail de la laine à travers les différentes techniques de filage, tissage ou feutrage.

Les curieux du monde de la filature iront jusqu'en Lozère pour découvrir ces deux sites éclairants :

La ferme de la Toison d'Or : *à Meyrilles, 48170* ***Saint-Jean-la-Fouillouse.*** *☎ 04-66-69-53-17 📱 06-84-93-02-04. ● toisondor.fr ● Juin-début sept seulement, tlj 10h-18h. Visite : 7,50 € ; enfant 5 €.*
Un site magnifique, réparti sur 6 ha de prés et de sous-bois, au beau milieu de la Margeride. René et Joëlle vous y feront partager leur passion des ***animaux à laine*** : chèvres, lapins rex ou angora, chinchillas, lamas, alpagas et... cochons ! Tous sont élevés en quasi-liberté dans de grands et beaux enclos (avec quelques spécimens de poules rigolotes). Également un diaporama sur la vie d'autrefois dans le coin, une aire ludique et un musée, où se côtoient d'anciennes machines agricoles et une galerie de jeux d'adresse bricolés en bois par René. Génial ! Un endroit que l'on adore, parfait en famille, avec une aire de pique-nique dans le parc.

Le Monde de Filaine, à la filature des Calquières : *23, rue des Calquières 48300* ***Langogne.*** *☎ 04-66-69-25-56. ● musee-lozere.com ● Juil-août, tlj sauf mar 10h-12h, 14h-19h. Sept-juin mar-sam à 18h. Visites à 10h15, 14h15, 16h15 (dernière entrée à 17h30) ; hors saison résa conseillée. Visite libre : 6,50 €. Visite guidée : 8,50 € ; réduc ; gratuit moins de 4 ans. On vous conseille la visite guidée (env 1h30), pour voir les machines en action.*
Fascinant lieu d'histoire économique, ancien moulin converti en filature au milieu du XIXe s, témoignage bien vivant d'une activité autrefois essentielle dans la région. On découvre la richesse d'un ***patrimoine industriel intact*** (classé Monument historique, le site n'a cessé son activité qu'en 1990) et la pratique d'un métier qui, ici, faisait vivre bien des ouvriers. Actionné par la roue à aubes elle-même mue par l'eau, un ensemble unique de nombreuses machines du XIXe s (dont la fabuleuse mule-jenny, fileuse d'une longueur impressionnante) transforme devant vos yeux la laine brute en un écheveau prêt à être tricoté. L'espace muséographique permet parfois de toucher, de manipuler cardes et métiers à tisser. Une ***(intéressante) vidéo*** sur l'histoire de la laine, un diaporama (en l'occurrence sans grand intérêt), du cinéma dynamique (avec fauteuils qui bougent et autres effets spéciaux) et une boutique artisanale complètent la visite, menée par des guides passionnés, et passionnants. Également des ateliers pédagogiques de tissage et de feutrage pour tous âges (programme sur le site), et un espace pour les plus petits. Un coup de cœur.

FÊTES ET MANIFESTATIONS

Printemps

– ***Fête des Roses :*** *le 3ᵉ w-e de mai, à* ***Camon.*** • *camon09.org* • Marché de producteurs, artisans locaux, concerts payants, visites guidées du village, etc.

Été

– ***Fête de l'Oignon :*** *le 1ᵉʳ w-e de juin, à* ***Trébons,*** *à 6 km au nord de Bagnères.* Fête populaire : plus de 2 000 portions de lapin et de poulet y sont, paraît-il, servies, cuisinées avec le très bon oignon de... Trébons. Blanc, doux et savoureux.
– ***Fête du Gâteau à la broche :*** *le 3ᵉ dim de juil, à* ***Arreau.*** Confection de gâteaux à l'ancienne, diverses animations. L'occasion de déguster LE gâteau pyrénéen par excellence.
– ***Sur un air d'Équestria :*** *1 sem fin jui, au haras de* ***Tarbes.*** • *festivalequestria.com* • Pour les amoureux du cheval, Tarbes et son haras se devaient d'accueillir le 1ᵉʳ festival de la création équestre. Concours, animations, spectacles, et « la Nuit des créations », avec les meilleurs artistes équestres du moment.
– ***Les Journées du marbre – Grand Antique :*** *1 sem fin juil-début août, à* ***Moulis.*** • *patrimoine-moulisien.fr* • On retrouve le marbre de Moulis au château de Versailles, au Vatican, entre autres. Sur la carrière d'Aubert, toujours en activité, des artistes internationaux sculptent leurs œuvres dans de gros blocs. Spectaculaire ! Visites et spectacles nocturnes dans la carrière.
– ***Foire aux fromages (de la vallée, bien sûr) :*** *le 1ᵉʳ w-e d'août, à* ***Loures-Barousse.*** La Barousse étant la terre d'affinage des tommes, la foire est l'occasion de se laisser séduire par les saveurs du fromage de brebis, les produits locaux et de découvrir l'artisanat des Hautes-Pyrénées.
– ***Fête du Fromage et du Miel des Pyrénées :*** *2ᵉ w-e d'août, à* ***Castillon-en-Couserans.*** Animations, producteurs locaux, dégustation, etc.
– ***La Pourcailhade :*** *le 2ᵉ dim d'août, à* ***Trie-sur-Baïse.*** C'est la fête du cochon ! Championnat de France de cri du cochon (eh oui !), courses de porcelets et concours du plus gros mangeur de boudin...
– ***Festival du Madiran :*** *autour du 15 août, à* ***Madiran.*** • *tourisme-nordbearn.fr* • *Rens : ☎ 05-62-31-90-67.* La majorité des producteurs de l'appellation sont présents. L'occasion de découvrir les produits du terroir, sur fond d'animations musicales, culturelles, artistiques et de gastronomie locale. Marché gourmand et artisanal ; concerts, bodega et dégustations.
– ***Foire aux côtelettes :*** *les derniers ven-sam-dim de sept, à* ***Luz-Saint-Sauveur.*** • *luz.org* • La plus grosse fête de la vallée. Jadis, les bergers regagnaient la vallée avec leurs troupeaux à la Saint-Michel. L'espace de quelques jours, Luz prenait alors un air de grand marché à bestiaux. Une foire agricole perpétue aujourd'hui cette tradition, avec plein d'animations, dégustations, concerts, etc. Transhumance le vendredi soir.
– ***Terro'Art :*** *1 w-e fin sept, à* ***Tarbes.*** • *tarbes.fr* • Une fête conviviale et colorée qui célèbre l'incontournable haricot tarbais, LE haricot du cassoulet, ainsi que les produits labellisés du terroir tout en associant l'artisanat d'art. Réunit plus d'une centaine d'artisans.
– ***Festival de la Sculpture et du Marbre :*** *juil-sept, à* ***Saint-Béat.*** *Rens auprès de l'office de tourisme (☎ 05-61-79-21-21),* • *marbre-et-arts.fr* • Expos de sculptures contemporaines, ateliers et stages de sculpture. Les artistes exposent et sculptent en public. Visite guidée de la carrière souterraine sur réservation.
– ***Festival des Saveurs :*** *le 1ᵉʳ w-e de sept, à* ***Ax-les-Thermes.*** • *festivaldessaveurs.fr* • *Rens : ☎ 05-61-64-60-60.* De la fourche à l'assiette, ce marché des producteurs régionaux est l'occasion de déguster les produits des Pyrénées ariégeoises. Le festival a fêté ses 20 ans en 2022 !

– ***Foire des Vendanges :*** *1 dim mi-sept, à* ***Mazères.*** Il n'y a plus de vignes dans le coin, mais on continue à faire la foire, pour perpétuer la tradition.
– ***L'Irreductrail :*** *3e dim de sept, à* ***Cazères-sur-Garonne.*** • *cazeres-trail.jimdofree.com* • Plus de 1 000 participants. L'occasion de pratiquer du sport et de goûter des produits locaux et des bières artisanales.
– ***Fête de la Noisette :*** *le dernier w-e de sept, à* ***Lavelanet.*** Rassemble producteurs de noisettes et créateurs locaux. Marchés gourmands et diverses animations.
– ***Les Pyrénéennes :*** *1 w-e mi-sept, ts les 3 ans (prochain rdv en 2024), à* ***Saint-Gaudens.*** • *pyreneennes.fr* • C'est la foire de l'agriculture du Sud-Ouest. Le salon fait partie des foires agricoles les plus importantes sur le plan national et a lieu tous les 3 ans.

CASSE NOISETTE

On raconte qu'il y a longtemps, le baron de Lavelanet, atteint de fluxion de poitrine, ne se soignait qu'avec les noisettes du pays... Un soir qu'il chevauchait en solitaire, son cheval fit un écart, le baron chuta et se brisa la jambe. Incapable de bouger, il survécut, avant qu'on ne le retrouve, grâce à la bourse de noisette qu'il portait toujours sur lui !

Automne

– ***Aurignac sous Pression :*** *le 1er w-e d'oct, à* ***Aurignac.*** • *aurignacsouspression.fr* • Une fête de brasseurs amateurs et de brasseries artisanales, et un rassemblement de Harley et de voitures de collection.
– ***Fête de la Figue :*** *le 1er w-e d'oct, au* ***Mas-d'Azil.*** La fête de la figue donne lieu à un marché artisanal et gourmand, des animations de rue, des concours de confiture et un défilé de la confrérie *Tindoulets de la Figo.*
– ***Fête de la Pomme :*** *le 3e w-e d'oct, à* ***Mirepoix.*** • *mairie-mirepoix.fr* • Décorations sur le thème... de la pomme. Marché, animations, dégustation de produits locaux.

LE BASSIN DE LA GARONNE

• Carte *p. 22-23*

La Garonne irrigue une grande partie du Sud-Ouest, ouvrant la voie à une agriculture prospère – dont l'élevage du canard, qui se faufile sous toutes les formes possibles et imaginables dans la gastronomie ! C'est l'un des piliers économiques de la région, particulièrement dans les basses vallées. Des vallées émaillées de nombreux vignobles, dont certains d'entre eux quasiment aux portes de Toulouse, confèrent à la ville rose son titre de capitale des vins du Sud-Ouest. Ces trésors de bouche, alliés aux richesses naturelles et patrimoniales, incitent le visiteur à remonter à l'origine des produits, puis à découvrir les différentes productions qui bénéficient de conditions si favorables.
Dans l'industrie, les entreprises modernes se sont développées essentiellement sur l'axe Montauban-Toulouse-Muret. L'agglomération toulousaine est un pôle important pour l'informatique, l'électronique, l'aéronautique, sans oublier les activités liées à l'espace (CNES). Figure de proue, Airbus, dont l'agglomération toulousaine accueille les chaînes de montage des A320 (le *best-seller* d'Airbus !), A330 et A350 XWB.
La région du bassin de la Garonne permet donc de passer d'industrie de pointe aux PME les pieds dans le terroir en quelques kilomètres. Pour le curieux du monde économique, un pays de cocagne.

TARN-ET-GARONNE

Certes, ce département ne bénéficie pas, comme ses voisins, d'un autre nom fleurant le terroir et le bien-vivre, comme « Périgord » pour la Dordogne, « Quercy » pour le Lot, « Gascogne » pour le Gers ou « Rouergue » pour l'Aveyron. Néanmoins, il constitue un cocktail remarquablement dosé d'attraits similaires, avec ses grandes variétés de paysages et la richesse de ses sites (Moissac, Montauban, Auvillar, Lauzerte, Bruniquel), qui permettent de passer du causse rugueux quercynois aux vallées profondes de l'Aveyron, des larges plaines alluviales du centre aux collines et terrasses de la Lomagne. 3 grands cours d'eau (Garonne, Tarn et Aveyron) et quelques petits affluents, plus le canal latéral à la Garonne, arrosent cette terre de bienheureux contrastes.
Sa vocation agricole coule donc de source. On y déguste le chasselas de Moissac, meilleur raisin AOP de France, et moult autres fruits savoureux – nectarine, pomme, melon, kiwi, etc. Le Tarn-et-Garonne est aussi appelé « le plus beau verger du Sud-Ouest ». D'autres secteurs sont également sources d'emplois : ainsi, le tissage de la laine et de la soie emploie environ 7 000 ouvriers dans la région de Montauban. Son tissu de petites entreprises, son dynamisme et ses atouts touristiques en font une région aussi agréable à vivre qu'à visiter. Agriculture ou artisanat, pourquoi choisir ?

CAUSSADE

Capitale du chapeau, c'est aujourd'hui une ville commerçante plutôt active où demeurent 2 grandes chapelleries en activité et un formier. Un jeu de piste via l'appli gratuite Baludik permet de découvrir l'histoire de cet artisanat au gré d'une balade dans la ville.

> **CHAPEAU L'ARTISTE !**
>
> *Apparu dans la mode à partir de 1880, c'est Maurice Chevalier, illustre chansonnier français, qui a popularisé le canotier de Caussade. Un sacré VRP !*

Office de tourisme du Quercy Caussadais : *Carré des Chapeliers, Les Récollets 82300 Caussade. ☎ 05-63-26-04-04. • tourisme-quercy-caussadais.fr • Juil-août, tlj 9h15-18h (dim 9h-130) ; juin et sept, tlj sauf dim 9h-12h30, 14h-17h30 ; le reste de l'année lun-ven 9h-12h30, 13h30-17h, fermé vac de Noël.* Laissez tomber le brushing ce jour-là : on ne se promène pas « en cheveux » à Caussade, « cité de la chapellerie » ! Pour plonger tout de suite dans cette atmosphère qui fleure mariages et champs de courses hippiques, on se rend à l'office de tourisme où l'on coiffe un canotier équipé d'un audioguide et on furète ***dans l'espace muséographique consacré à « L'épopée chapelière »*** *(sur résa ; tarif : 4 €, 6-12 ans : 1 € ; gratuit moins de 6 ans ; groupe à partir de 15 € : 3 €/pers).*

Les fans du chapeau de paille ne s'arrêteront sans doute pas en si bon chemin, et chercheront sans doute à visiter les chapelleries qui sont encore au cœur de l'activité de la ville. La doyenne est la ***chapellerie Willy's Paris*** fondée en 1824. Dans cette ***Entreprise du Patrimoine Vivant,*** on utilise encore des formes en aluminium des années 1950, des machines à coudre spécifiques du début du XXe s, des presses anciennes... et on peut craquer au magasin d'usine ! *63, av du Gén. Leclerc. ☎ 05-63-93-09-96. • willys-paris.com • Visites guidées : juin-sept (sauf les 3 dernières semaines d'août), jeu à 10h30, sur résa auprès de l'office de tourisme. Tarif : 3 €/pers.*

Pour élargir le spectre, ou plutôt le tour de tête, on se rend également à la ***chapellerie Crambes,*** fondée au lendemain de la Seconde guerre mondiale. Dans les 7 000 m^2 d'ateliers de cette autre ***Entreprise du Patrimoine Vivant,*** on travaille toutes sortes de matières et textiles, du feutre type Borsalino à la chapka en passant par le bien pratique chapeau de pluie ou la casquette de titi parigot ! Ici aussi, on observe formage, moulage, couture, finition... *42, av Maréchal de-Lattre-de-Tassigny. ☎ 05-63-65-07-07. • crambes-hats.com • Visites guidées : juin-sept. Horaires et résa auprès de l'office de tourisme. Tarif : 3€/pers.*

Et pour couronner ces visites, rendez-vous à ***l'atelier du formier Hats Blocks Laforest :*** on y sculpte les blocs de tilleul servant de moule à la confection des chapeaux. Un univers étrange et séduisant, tout de bois blond et d'élégance minimaliste, dans une maison du XIIIe s... La découverte d'un métier assez rare pour être classé au Patrimoine mondial de l'humanité par l'Unesco au titre de ***métier d'art exceptionnel.*** *37, rue de la République. 📱 06-59-25-23-53 • didier.laforest.sculpteur@gmail.com • Visites guidées : juin-sept. Horaires et résa auprès de l'office de tourisme. Tarif : 4 €/pers.*

DONZAC

La Cave des Vignerons du Brulhois : 3458, av. du Brulhois, 82340 Donzac. ☎ 05-63-39-91-92. • vigneronsdubrulhois.com • Lun (ap-m)-sam, 9h-12h, 14h-19h (18h en hiver). Visite des chais 5€ sur réservation. Dégustation gratuite Compter 1h.

À la découverte d'une des plus petites appellations d'origine du Sud-Ouest, peu connue et surprenante. L'histoire commence au XIVe siècle, lorsque les vins du Brulhois étaient transportés en gabarre sur la Garonne. Leur couleur intense leur vaut alors le surnom de « vins noirs » ! Aujourd'hui, dans la fraîcheur des chais, les vignerons montrent leur savoir-faire afin de mieux comprendre toutes les étapes de la création d'un vin et mieux l'apprécier par la suite. Original, la cave propose également des ***dégustations dans le noir total,*** guidées par l'œnologue, où toutes les autres perceptions se substituent à la vue pour une expérience sensorielle inédite et ludique sur le 2e site : *47390 Layrac. ☎ 05-53-87-01-65.*

GOLFECH

EDF – Centrale hydraulique : route d'Ondes 82400 Golfech. ☎ 05-63-29-39-49. • edf.fr/tarn-et-garonne • Visite guidée sur rdv sur • edf.fr.visiteredf • Sept-juin : contacter le centre d'information du public de la centrale nucléaire. Départs de visites ttes les heures, dernier départ à 17h. GRATUIT. Durée de la visite : 1h.

On repère de loin les 2 tours aéroréfrigérantes en forme de diabolo de la centrale nucléaire sur le même site : ce sont les plus hautes d'Europe (178 m) ! À côté, la centrale hydroélectrique de Golfech, inaugurée en 1973, est située sur la Garonne. Sa puissance installée est de 69 MW, soit l'équivalent de la consommation annuelle de 100 000 foyers.

Le parcours de visite guidée commence à l'***Espace EDF Golfech, centré sur l'hydroélectricité*** ainsi que sur ***la faune et la flore de la Garonne.*** Plus de 150 000 poissons migrateurs appartenant à 22 espèces empruntent en effet chaque année l'ascenseur à poissons ou le tapis à anguilles dont est équipée la centrale ! La visite se poursuit par la découverte de ces installations, qui permettent une observation privilégiée de la faune qui peuple nos rivières. Un ***cheminement extérieur sur le barrage*** complète le parcours.

MONTAUBAN

La Ferme du Ramier : *2250, rte de Saint-Étienne, 82000 Montauban. ☎ 05-63-03-14-49. • lafermeduramier.fr • Visite guidée mer et sam à 16h. Tarifs : 4 € ; forfait famille (2 adultes + 3 enfants) : 14 €. Visite libre sur résa, 3 €/pers, forfait famille 10 €. Visite de groupe sur rdv, jusqu'à 100 pers. Tarifs : forfait moins de 20 pers : 80 €/groupe ; groupe de plus de 20 pers : 4 €/pers. Durée de la visite : 1h30. Boutique : lun-sam 9h-12h30, 15h-18h30.*

Bien-être des animaux, tradition et innovation sont les maîtres-mots de cette ferme familiale hors du commun. ***Les vaches se reposent sur des matelas*** et se font traire en toute liberté : pas étonnant qu'avec leur lait les fromages soient de si grande qualité ! Les visites sont guidées et commentées par l'agriculteur lui-même. Au programme : vidéo explicative, découverte de l'étonnant robot de traite et du troupeau de 110 vaches laitières, visite de la fromagerie et de la cave d'affinage où mûrissent patiemment 6 000 fromages, qu'on déguste à la fin.

Le + : animations pour enfants, tracteur à pédales, tour de train, etc. *(pendant vac scol zone C : ts les mer, arriver entre 15h et 16h ; sur résa, forfait anniversaire à la ferme, 12 enfants max).*

TOUFFAILLES

La Ferme de Lacontal : *à Touffailles (82190). ☎ 05-63-95-78-12. • lavande-quercy.fr • Juin-août, tlj sauf dim 14h-18h ; le reste de l'année, jeu-sam 14h-18h (sinon, sur résa). Boutique : tte l'année lun-sam 14h-18h. En été : visite libre de la distillerie, ateliers senteurs hydrolats et huiles essentielles, accès aux champs GRATUIT, achat participatif demandé. Floraison à partir de la 2de quinzaine de juin.*

La lavande n'est pas l'apanage de la Provence ! D'ailleurs, autrefois, la lavande du Quercy était très prisée. Dans cette ferme, Xavier et Hélène renouent avec une culture (bio) traditionnelle, que leurs grands-parents

LA LAVANDE, UN SYMBOLE DU SUD DE LA FRANCE

La lavande était déjà cultivée du temps des Romains, qui l'utilisaient pour parfumer le linge et les bains. Ce n'est cependant qu'au XIXe s que sa culture s'est développée, pour atteindre son apogée dans les années 1920. Aujourd'hui, alors que la lavande synthétique envahit les lessives, la vraie lavande tend à régresser. Car il faut distinguer la lavande fine et le lavandin (hybride entre la lavande aspic et la lavande officinale). C'est le lavandin qui est le plus répandu, plus facile à cultiver, permettant une meilleure production d'huile essentielle, même si son essence est de moins bonne qualité olfactive. La récolte se déroule au début de l'été, dont les grosses chaleurs permettent la montée de l'essence dans les glandes sécrétrices de la lavande.

pratiquaient déjà. Tout le travail est entièrement manuel. On découvre le principe de la distillation après avoir fait un petit tour devant les champs de lavande. Les parcelles de fleurs jaunes, elles, sont de l'hélichryse (ou immortelle). Réputée pour ses vertus anti-inflammatoires et cicatrisantes, cette plante est utilisée à l'instar de l'arnica pour soigner les petits bobos. Boutique avec toute une gamme d'huiles essentielles, savons, bonbons, etc.

GERS

Le Gers, traversé par de nombreuses rivières (l'Arros, l'Adour, le Midou, la Douze, la Baïse, le Gers, l'Arrats, la Gimone, la Save), forme le cœur de la Gascogne. Il offre des paysages tout en rondeurs, jamais monotones, car les collines présentent la particularité d'être dissymétriques : un versant abrupt, un autre en pente douce. Des routes traversant des moraines livrent de remarquables panoramas sur les 2 versants. Et pourtant, on ne monte guère à plus de 200 m d'altitude !
Au creux des vallons, au sommet des collines, pas de grandes villes, mais des bourgades de charme. Même Auch, la « capitale », se parcourt comme un village. L'agriculture est très présente, les champs de maïs sont nombreux pour nourrir oies et canards, car le Gers est l'un des tout 1ers producteurs de foie gras. Pas de panique côté santé : la cuisine à base de graisse d'oie est réputée avoir des vertus cardio-protectrices !
Côté vignoble, la Gascogne gersoise aligne quelques belles AOP comme le saint-mont, le côtes-de-gascogne (et sa marque la plus connue, le tariquet), ou encore le plus célèbre madiran. Mais c'est surtout la patrie de l'armagnac, l'un des plus prestigieux alcools au monde. Ici, la visite d'entreprise va surtout se décliner en exploration du terroir.

UN CHAMPION AGRICOLE

Le Gers est le 2e département producteur de palmipèdes (canards et oies) à foie gras en France. C'est aussi le premier producteur de tournesol et de soja, et celui qui compte la plus grande surface de céréales cultivées en bio.

CASSAIGNE

© Michel Carossio

Château de Cassaigne : *32100 Cassaigne. Visite mar à 15h en juil-août, sur résa, 6 pers min ; le reste de l'année sur rdv, 6 pers min. Visite libre de la cuisine du XVIe s, du chai de vieillissement des armagnacs, des orgues à odeurs et du parc du château : 2,50 €. Visite guidée « vin et armagnac » avec dégustation commentée de 4 vins et de 2 armagnacs, durée 1h30, 20 €/pers à partir de 6 pers. Résa au 07-72-13-92-00. Boutique : juil-août, tlj 9h-12h, 14h-19h. Hors saison : 9h-12h, 14h-18h, fermé lun-dim. Fermé en janv.*

Construit en 1247, ce château fut la résidence secondaire des évêques de Condom. Avec sa façade classique aux belles proportions, c'est aujourd'hui une ***propriété viticole*** de 35 ha installée sur les hauteurs du village, ***vitrine de la production gersoise*** (elle est affiliée à Plaimont – voir plus loin – et reliée à la cave de Condom). Le domaine produit des côtes-de-gascogne dans les 2 couleurs (rouge et blanc), ainsi que de l'armagnac (20 % des vignes). Au rez-de-chaussée, on visite la cuisine pittoresque, dont la voûte en cul-de-four du plafond a été construite comme celle d'un four de boulanger, mais surtout le chai d'armagnac dans l'ancienne salle d'armes. On y joue d'un amusant « orgue à odeurs », pour tester la finesse de son nez. Dégustation et boutique.

UN TOIT À SOI

Longtemps, le château de Larressingle accueillit les évêques de Condom. Au XVIIIe s, ces derniers lui préférèrent le château de Cassaigne, à quelques kilomètres de là, jugé plus moderne, plus confortable. Par souci d'économie, le dernier évêque de Condom fit démonter la charpente du château de Larressingle... pour la remonter sur celui de Cassaigne !

CONDOM

© Alain BOUAULT

Maison Aurian : 5, av. de la Gare, 32100 Condom. ☎ 05-62-28-34-15. • aurian.fr • Nov-mars, tlj sauf w-e 10h-12h30, 13h-16h. En saison : lun-ven 8h30-12h30, 14h-18h, w-e 9h30-12h30, 14h-18h. Visite des chais suivie d'une dégustation (GRATUIT ; compter 1h) ; résa conseillée.

L'histoire familiale dans la production d'***armagnac*** a commencé en 1880. Depuis, elle se poursuit et s'est même élargie avec l'élaboration de toute une gamme multicolore de liqueurs et d'apéritifs. Petit musée, visite de chais où vieillit l'armagnac, dégustation, boutique : tous les éléments sont là pour une initiation dans l'une des maisons importantes du coin (c'est le même ancêtre, Joseph Dupeyron, bouilleur de cru, qui fonde en 1905 une entreprise à l'origine de la maison Aurian et de la maison Ryust-Dupeyron).

Tant que vous êtes à Condom, ne manquez pas de visiter, si cela est possible (appeler avant d'y aller) le musée de l'Armagnac.

Le musée de l'Armagnac : *2, rue Jules-Ferry, 32100 Condom. ☎ 05-62-28-47-17. • patrimoine-musees-gers.fr •.* ***Ne réouvrira pas avant 2023*** *(se renseigner auprès du service culturel de la mairie ☎ 05-62-28-47-21). Entrée : env 2,50 € ; réduc moins de 18 ans.*

Installé dans les anciennes écuries de l'évêché. Matériel de vigneron et outils multiples qui sentent bon la vieille France et le terroir ; collection d'outils liés à la viticulture, de vieilles bouteilles, dont une dame-jeanne de 18,75 l, amusante cloche antigrêle de 1607, vieux prototypes d'alambics. Mais le plus impressionnant reste cet ***immense pressoir*** à taissons (XIXe s) de 18 t ! À l'étage, splendide charpente en coque de bateau renversé.

DU CRAPAUD AU PRINCE CHARMANT

Il était une fois une piquette si misérable que le moindre transport lui était fatal. On la fortifia à l'eau-de-vie, puis on en vint à la distiller. Et c'est ainsi que le méchant jaja devint l'armagnac, roi des alcools français ! Il ne subit qu'une seule distillation, d'octobre jusqu'à fin avril. C'est la vinification la plus naturelle qui soit ; aucun ajout (soufre, sucre) n'est autorisé. Dès sa sortie de l'alambic, l'eau de vie vieillit dans des fûts de chênes neufs du pays (chêne noir). Pour avoir le droit à l'appellation, l'eau-de-vie doit rester au moins 2 ans en fût. 4 ans de fût lui donnent sa teinte ambrée, mais il reste des armagnacs vieux d'un siècle. Une vieille eau-de-vie se respire plus qu'elle ne se boit : du tilleul à la réglisse, en passant par l'amande, la pêche et la vanille, le poivre et le pruneau, on n'en finit pas... La production d'armagnac est protégée par une AOC-AOP.

COURRENSAN

© SPANI Arnaud/hemis.fr

Armagnac Veuve Goudoulin : Le Clos du Presbytère, 32230 Courrensan. ☎ 05-62-06-35-02. • armagnac-goudoulin.com • Visite de chai gratuite sur rdv, visite passion (dégustation de 6 millésimes) 5 €/pers, visite experte (8 millésimes) 12 €/pers. Boutique : lun-jeu 8h30-18h (ven 16h30), fermé w-e et j. fériés.

Fondé en 1935 par une femme (devinez son nom), le domaine est aujourd'hui la propriété de Michel Miclo en Alsace. Au cours de la visite, on vous expliquera les différents territoires du vignoble, les cépages, la distillation ainsi que le vieillissement dans les tonneaux de chêne de ***la plus vieille eau-de-vie de France*** – elle était déjà commercialisée au XVe s !

© Clément Herbaux

DEMU

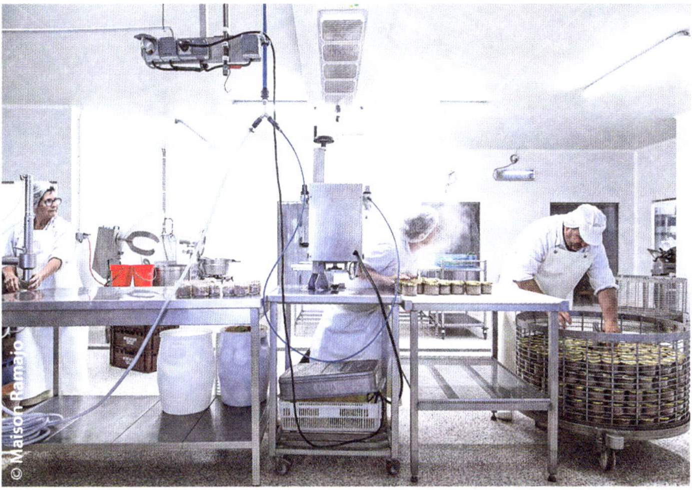
© Maison Ramajo

Maison Ramajo Conserverie : *« Merlet » 32190 Demu. ☎ 05-62-08-51-03. • foie-gras-ramajo.com • Visite libre et gratuite. En juil-août, visite guidée mer à 17h (durée : 2h30) suivie d'une dégustation de 3 produits de la maison. Visite de groupe sur résa. Boutique : lun-sam 9h-12h, 14h-18h.*

Dans le Gers, on a la passion du foie gras et on aime le faire savoir. ***Foie gras d'oie et de canard,*** tous 2 gavés au maïs blanc ou jaune – l'oie, oiseau préféré de la maison, est plus fragile, plus longue à gaver. La période de gavage débute mi-septembre pour s'achever en mai. Et dans cette ferme, vous pourrez suivre un parcours pour voir les différents points d'activité de l'exploitation : ***nurserie, parc d'élevage et toutes les étapes en conserverie.*** La visite se fait à votre rythme grâce à des panneaux d'explications mais aussi à des QR codes qui permettent de visionner des films sur les différentes activités de la ferme. N'oubliez pas de passer à la boutique remplir votre panier ! Quant aux gourmands et aux cuisiniers amateurs, ils pourront s'offrir un stage de découpe et de cuisine de canard gras *(60 €/pers pour une ½ journée, sur résa, janv-sept, en groupe de 20-30 pers)* dans une atmosphère à la fois studieuse et conviviale.

L'ORIGINE DU FOIE GRAS

Tout vient de l'Égypte antique. Les oies d'Europe qui migraient en Afrique se surnourrissaient pour tenir tout le vol. Ayant abattu quelques spécimens, les Juifs égyptiens se régalèrent de leur foie bien gras et décidèrent, par la suite, de les gaver eux-mêmes. Cette technique arriva dans le Sud-Ouest grâce aux familles juives qui s'installèrent à Bayonne après leur fuite d'Espagne en 1492.

FLEURANCE

Ethiquable : *à Saint-Laurent, 32500 Fleurance. ☎ 05-62-06-05-06. • ethiquable.coop • Visite libre et gratuite, durée env 1h. Avril-sept 10h-18h30 sauf dim ; hors saison mar-sam 14h-17h. Atelier dégustation à partir de 7 pers, 5 €/pers, sur résa ☎ 05-32-10-90-16. Boutique, bar avec terrasse.*
Vous avez sans doute déjà remarqué cette « marque » en faisant vos courses. Ethiquable est en fait une SCOP, ***société coopérative*** dont les salariés sont les seuls actionnaires. Elle agit depuis 17 ans en faveur du ***commerce équitable*** et, en lien avec plus de 80 coopératives de petits producteurs partenaires, soutient l'agriculture paysanne bio. Elle est agréée entreprise solidaire d'utilité sociale. Ethiquable a installé ici une ***chocolaterie équitable et bio,*** dotée d'un bel espace qui permet d'appréhender le chocolat et ses enjeux économiques et environnementaux sous l'angle des petits producteurs.
On peut visiter la ***chocolaterie,*** tout d'abord à travers des dispositifs de médiation immersifs : on découvre les différentes variétés de cacao, l'agroforesterie, les terroirs et les savoir-faire des producteurs. Ensuite, place aux étapes de transformation, de la fève de cacao à la tablette, à observer à travers de larges ouvertures sur les salles de production. On y découvre la préparation des matières, le broyage, le conchage, le tempérage, le moulage et l'emballage des tablettes produites quotidiennement par les équipes de la Scop. L'expérience se poursuit dans la cacaothèque et l'espace dégustation de la boutique. Et pour finir, une boisson (chaude ou froide) est servie dans l'espace café. ***Une visite gourmande, mais qui fait aussi réfléchir.***

LANNEPAX

© Valérie Servant

Armagnac Delord : *rue Principale, 32190 Lannepax. ☎ 05-62-06-36-07. • armagnacdelord.com • Lun-ven 9h-12h, 14h-18h (juil-août, également sam 10h-13h, 14h-17h). Visite sur place, compter 1h. GRATUIT. Résa pour les groupes de plus de 6 pers.*
Depuis 4 générations, la famille Delord est installée en Bas-Armagnac, l'un des terroirs les plus réputés de cette appellation, et s'applique à la distillation de vins blancs secs pour obtenir cette eau de vie réputée dans le monde entier – d'ailleurs la maison Delord a exporté sa production aux État-Unis dès le début du XXe s ! ***Pour tout savoir sur sa fabrication depuis la vigne jusqu'au chai,*** on vous conseille de faire un stop dans cette maison réputée. ***La visite du chai et la dégustation*** constitueront l'occasion de vous conter l'histoire familiale. Une histoire qui creuse le sillon dans la vigne (aujourd'hui 55 ha dont 5 en bio, plantés en ugni blanc, colombard, folle blanche et baco), puisque déjà l'aïeul fondateur, à la fin du XIXe s, distillateur ambulant avant de s'installer et maître de chai, menait son alambic de ferme en ferme afin de transformer du vin blanc en armagnac...

Pour ne pas se tromper

Les armagnacs sont commercialisés soit en assemblage (***, VSOP, XO...), soit en millésimes. Un millésime peut être commercialisé à partir de 10 ans de vieillissement.

Comment lire les étiquettes des armagnacs d'assemblage ?

- ***, VS : de 1 à 3 ans
- Réserve : 3 ans
- VSOP : 4 ans
- Hors d'âge, XO : 10 ans

LE BASSIN DE LA GARONNE

LECTOURE

Domaine d'Arton : *32700 Lectoure. ☎ 05-62-68-84-33 📱 06-95-90-26-16. Juin-sept : tlj, visites à 10h, 15h et 17h (sur résa) ; le reste de l'année, ouv 16h-18h, fermé dim-lun. Visites sur résa.*
À 5 km de Lectoure, l'une des plus jolies villes du département, voici l'un des grands domaines de la région qui produit à la fois des ***vins de Gascogne,*** d'excellents ***armagnacs*** et des ***eaux-de-vie*** plusieurs fois primées.

LES CÔTES-DE-GASCOGNE

Ce sont des vins blancs (près de 90 % des volumes produits), rouges et rosés. Ils possèdent d'excellents crus qui surprendront les amateurs. Le côtes-de-gascogne est d'ailleurs l'un des vins blancs les plus exportés dans le monde ! Sec et fruité, équilibré entre acidité et rondeur, il passe très bien à l'apéro ou en accompagnement des poissons et fruits de mer. Le rouge est corpulent, le rosé fruité. Ces vins ont l'avantage d'être accessibles, même au restaurant. Ils bénéficient d'une IGP.

MAUMUSSON-LAGUIAN

© Traquin

Château Laffitte-Teston : *32400 Maumusson-Laguian. ☎ 05-62-69-74-58. • château-laffitte-teston.com • Lun-ven 9h-12h, 14h-17h30, sam uniquement le matin en hors saison. Accueil des groupes et visites sur rdv.*

Un ***domaine viticole*** familial qui s'étend sur une cinquantaine d'hectares de vignes surveillées par une belle demeure bâtie sur un promontoire. On produit ici du madiran, du pacherenc-du-vic-bilh et des côtes-de-gascogne. ***Pour découvrir le domaine, plusieurs options.*** La plus classique consiste en une visite du chai à barriques suivie d'une ***dégustation*** des 3 vins, accompagnée de charcuterie et de fromage *(durée 1h, 15 €/pers, sur résa)*. Plus ludique, pour découvrir le château autrement, possibilité de participer à un ***escape game*** au cours duquel vous devrez résoudre 6 énigmes pour retrouver la bouteille disparue *(durée 1h, 4 à 6 joueurs, 15 €/pers, 8 € enfant moins de 12 ans, sur résa)*. Enfin, les plus sportifs pourront se lancer dans une visite du domaine, à vélo à assistance électrique *(22 € la demi-journée ou 35 € la journée/pers balade + dégustation, sur résa avr-sept)*. En prime, n'hésitez pas à découvrir les environs du château grâce à 2 circuits de randonnées, l'un de 5 km et l'autre de 14 km dans le vignoble de Madiran.

Label : Vignobles & découvertes.

TRÉSORS LIQUIDES

Sans doute introduites par les moines du prieuré au XIe s, les célèbres vignes de Madiran prennent leur nom actuel à l'époque de la Restauration. En 1948, l'AOC est créée. Aujourd'hui, le vignoble s'étend aux confins des 3 départements des Hautes-Pyrénées, du Gers et des Pyrénées-Atlantiques. Au total, ce sont près de 1 400 ha de vignes qui donnent un vin intense, généreux, fruité et avec des notes d'épices, idéal pour accompagner la gastronomie du Sud-Ouest, mais aussi les viandes rouges, currys, tajines, etc. Moins connu, le pacherenc-du-vic-bilh (près de 300 ha), blanc sec ou doux, à consommer de l'apéritif au dessert, mais idéal en accompagnement de foie gras et de fromages persillés.

SAINT-MONT

Plaimont : *199, rte de Corneillan, 32400 Saint-Mont. ☎ 05-62-69-62-87. • plaimont.com • Visite découverte guidée de Plaimont sur rdv, hors saison lun-sam 10h-18h, tlj en été. Résa au 07-72-13-92-00. Tarif : 12 €/pers (min 2 pers). Durée : 2h. Boutique : lun-sam 9h-12h30, 14h30-19h, dim 14h-18h (10h-19h en été).*

Plaimont (« Pl » pour Plaisance, « Ai » pour Aignan et « Mont » pour Saint-Mont) est issue du regroupement de plusieurs coopératives en 1979, rejoint en 2022 par la cave de Condom. Décidée à développer la renommée et la qualité des vins du Sud-Ouest, Plaimont s'attache à préserver des ***vignobles*** emblématiques de la région et à réintroduire des cépages oubliés de la Gascogne et du piémont pyrénéen. Aujourd'hui, elle regroupe près de 98 % de l'appellation saint-mont (rouge, blanc et rosé), 55 % de l'appellation madiran et pacherenc-du-vic-bilh et près de la moitié des côtes-de-gascogne. Plaimont, devenue le ***leader des vins du Sud-Ouest,*** dispose d'un conservatoire ampélographique et de l'unique parcelle de vigne inscrite aux Monuments Historiques ! La ***visite découverte, très complète,*** permet de découvrir les différents aspects de Plaimont et de ses appellations, les notions de terroir, de cépages en parcourant une parcelle de vigne puis d'aborder la vinification et l'élevage lors de la visite du chai « l'Atelier des cépages ». Et pour finir en beauté, dégustation d'un vin de chacune des 4 dénominations. Plaimont propose aussi d'autres visites du vignoble, ainsi que des ateliers œnologiques *(résa en ligne).* Une institution militante et passionnante.

HAUTE-GARONNE

C'est un département un peu baroque, qui devient gascon au contact du Gers et qui fait plus que flirter avec le département de Tarn-et-Garonne. Le terroir offre un paysage tout en douceur, tout en discrétion, avec des vignes qui se lovent sans faire de bruit au creux des vallons, qui s'étirent presque secrètement au pied des bosquets. Toulouse, capitale de l'Occitanie, y absorbe une grande partie des énergies et des regards. Elle véhicule l'image d'une ville dynamique, à la tête d'industries et de technologies performantes, et empreinte d'une douceur de vivre, au diapason de toutes les variétés de rose qui teintent la cité.

AUSSON

Chocolaterie Dardenne : *RD8A La Saoucette 31210 Ausson. ☎ 05-61-79-02-01. Boutique : mar-sam 10h-12h30, 13h-17h. Musée : même horaires (comptez 45 min de visite avec dégustation). Entrée : 8,50 €, 5-12 ans 6 €. Tarifs de groupe sur demande.*

Ici, les plus soucieux de leur santé pourront se gaver en toute sérénité : Ludovic Dardenne fut d'abord pharmacien avant de créer sa chocolaterie en 1897 à Bagnères-de-Luchon ! Cet élève puis collaborateur du chimiste Paul Sabatier embarque son maître dans l'aventure : ils élaborent ensemble en 1910 un ***chocolat au goût unique*** et sans effet indésirable. « L'original » était né. Aujourd'hui, la

chocolaterie est toujours implantée en Haute-Garonne et la gamme de produits compte une ***centaine de références éthiques (commerce équitable) et bio, une gamme sans sucre ajouté, végan, sans gluten...*** et plusieurs recettes à déguster sur place et fabriquées à partir de 3 fontaines de chocolat : fondues, glaces, chocolat chaud... Le ***musée*** propose un ***parcours immersif*** pour découvrir les secrets de la fabrication du chocolat. On peut observer le travail des ouvriers via des vitres donnant sur les ateliers et, bouquet final, goûter toutes les gourmandises lors de la dégustation.
Label : Entreprise du Patrimoine Vivant.

BLAGNAC

© FELIX Alain / hemis.fr

Let's Visit Airbus : *allée André-Turcat, 31700 Blagnac. ☎ 05-34-39-42-00. Visite guidée seulement. Résa obligatoire sur le site : • billetterie.manatour.fr • Tarifs : visite Airbus 16 €/pers et visite Airbus XL 20 €/pers ; tarif réduit (6-17 ans, handicapés, famille nombreuse et étudiants sur présentation de la carte) : 13 €/pers, 17 € pour visite XL ; gratuit moins de 6 ans. Visite de groupe et de scolaires sur rdv, jusqu'à 49 pers. Voir sur • manatour.fr • Moins de 20 pers : tarif forfaitaire pour le groupe ; plus de 20 pers : prix par pers. Durée de la visite : 1h30.* ***Pièce d'identité exigée pour la visite*** *(passeport ou carte d'identité en cours de validité). Boutique : lun-sam 9h-18h.*
À savoir : *pour les individuels, s'inscrire 48h ouvrées avant la visite. Le jour dit, se présenter 30 mn avant le début de la visite, avec sa pièce d'identité (carte d'identité ou passeport pour les ressortissants de l'UE, passeport pour les non-UE). On peut combiner différents circuits de visite (et profiter d'une réduc). Photos interdites.*

C'est le plus grand site aéronautique d'Europe, rien de moins – et un ***site véritablement européen,*** puisque l'Allemagne, l'Espagne et le Royaume-Uni participent à l'épopée Airbus. On y assemble 3 familles d'avions : l'A330, l'A320 et l'A350. Airbus, qui dispose d'un réseau de quelque 1 500 fournisseurs dans plus de 20 pays, emploie ici près de 20 000 personnes. Le site propose plusieurs visites.

La visite ***Airbus*** *(durée 1h30)* présente tout d'abord l'histoire de l'aviation toulousaine ainsi que les infrastructures d'Airbus sur 700 ha à bord d'un car, puis escale sur le belvedère de la chaîne d'assemblage de l'A350 avec une présentation

LES AVIONS PAR LA QUEUE

Durant la visite chez Airbus, on s'aperçoit que, sur les chaînes d'assemblage, seules les queues des avions sont déjà peintes aux couleurs des compagnies. Pourquoi ? Tout simplement parce que celles-ci sont tellement hautes qu'on les peint avant l'assemblage, afin de réduire le cycle de production. Une vraie économie d'échelle !

détaillée du processus de production. La visite ***Airbus XL*** *(durée 2h)* permet de découvrir en plus les essais en vol et de monter à bord de l'avion militaire A400M. Les enfants ne sont pas oubliés : la visite ***Airbus Kids*** est proposée aux familles accompagnées d'enfants de 6 à 12 ans.
En 2023, lancement de la visite de la chaîne d'assemblage du best-seller, l'Airbus A321.

Pour faire le tour de la question, rendez-vous également à ***Aéroscopia,*** musée dédié à l'histoire et à la culture aéronautiques *(allée André-Turcat,* ***aussi à Blagnac.*** *• aeroscopia-blagnac.fr • Possibilité de billet combiné avec la visite Airbus, 25 €, ou 29 € pour Airbus XL ; réduc).* Dans une vaste nef d'acier, moderne et lumineuse. En début de visite, on embarque dans le Super Guppy, un avion-cargo particulièrement impressionnant qui a été utilisé pour transporter les pièces d'Airbus à travers l'Europe. À l'intérieur, projection d'un film sur l'histoire de l'aviation à Toulouse. Ensuite, on déambule, en hauteur, sur une passerelle qui court le long du hall et permet de voir plusieurs avions de légende, dont le Concorde, ainsi qu'une vingtaine d'avions civils et militaires restaurés. Sur le tarmac nord, les visiteurs découvrent l'intérieur du géant des airs, l'Airbus A380. Une grande fresque retrace les principales étapes de l'aviation depuis le pionnier Clément Ader jusqu'à nos jours (panneaux explicatifs, écrans vidéo et nombreuses maquettes). Au rez-de-chaussée, on peut découvrir les coulisses d'un vol, expérimenter les grands principes aéronautiques, imaginer l'avion du futur et même découvrir l'archéologie aéronautique. C'est à la fois un lieu de mémoire, d'éducation et un espace ludique, pédagogique et interactif.
Le + : animation spécifique pour les enfants.
Label : France savoir-faire d'excellence.

LE BASSIN DE LA GARONNE

OÔ

© Alain PALACIN

Pesca d'Oô : *31110 Oô. ☎ 05-61-79-79-00. À la sortie d'Oô, en direction des granges d'Astau. Visite lun-ven 8h-12h, 14h-18h sauf mer matin. Sur résa au 06-16-04-76-92.* Ah, qu'elles sont bonnes ***les truites*** de la pisciculture d'Oô ! On les trouve sur les meilleures tables de la région (à commencer par l'auberge du village). ***Élevées en eau vive de montagne,*** leur chair est ferme et goûteuse (et blanche !). Jamais forcées, elles mettent 2 ans pour atteindre leur taille « portion » quand, dans certains élevages, il ne leur faut que quelques mois. Incomparable ! Élevage « eau de gamme » respectueux de l'environnement, n'utilisant aucun médicament ni antibiotique. On peut venir le visiter, et acheter du poisson frais ou transformé (notamment fumé). Les enfants peuvent même venir taquiner le poisson.

SAINT-FÉLIX-LAURAGAIS

Ferme et fromagerie de Cabriole : *lieu-dit Roubignol, 31540 Saint-Félix-Lauragais. ☎ 05-61-83-10-97. • ferme-de-cabriole.com • À 7,5 km au nord-ouest de Saint-Félix ; suivre la direction Le Falga, puis tt droit (fléché). Possibilité de visiter la ferme et d'assister à la traite (tlj à 16h15 pour les chèvres, 17h pour les vaches). Ateliers traite, cabécou (10-12 €/pers) et différentes animations (portes ouvertes en juin). Boutique : tlj 9h-12h, 15h-18h.*
Guillaume, Cornelia et leur équipe vous accueillent sur les charmants coteaux de Saint-Félix-Lauragais. Ils élèvent sur leur exploitation agricole des chèvres saanen ainsi que des vaches brunes. Le lait de la ferme est transformé en fromages et produits laitiers depuis 1995. La ***visite de la ferme*** est libre, une vitre donne sur la fromagerie pour observer les ouvriers à l'œuvre (pour cela, il est conseillé de

privilégier une visite matinale). Il est possible de caresser les animaux et d'assister à la traite des vaches et des chèvres l'après-midi. En été, des ***ateliers-découverte et goûters*** sont proposés, sur réservation (voir site internet). Succès assuré en famille !

TOULOUSE

La Dépêche du Midi : *av. Jean-Baylet, 31000 Toulouse. • manatour.fr • Visite guidée pour les groupes au ☎ 05-34-39-42-00, et pour les individuels, uniquement sur • manatour.fr • Pièce d'identité obligatoire pour les pers majeures. Visite de groupes sur rdv, jusqu'à 50 pers. Tarifs groupe : 12 €, réduc. Tarifs individuels : 10 €, réduc. Les abonnés de* La Dépêche *bénéficient d'une réduction de 1 €. Durée de la visite : 1h30.*
Une visite passionnante au cœur du journal régional du Grand Sud ! Commentée par un guide, elle vous emmène au cœur d'un ***groupe de presse en pleine mutation,*** là où le public n'est normalement pas admis. D'atelier en atelier, on découvre les 7 étapes de la fabrication du journal :
– la *rédaction,* pour suivre le traitement de l'information et sa publication sur le papier et en ligne ;
– le *musée,* où sont exposés des machines et des documents anciens illustrant l'histoire de *La Dépêche* et l'évolution de l'imprimerie ;
– l'*Agence,* où sont créés les plans de communication et les publicités pour des annonceurs locaux ;
– la *salle des rotatives,* où 23 journaux sont imprimés par seconde sur 2 rotatives ;
– les *dérouleurs* où les rotatives sont alimentées en papier par des robots ;
– le stock papier : « *la cathédrale* » ;
– la *salle des expéditions,* alimentée par un système de crémaillère aérienne relié aux rotatives. Les paquets sont préparés par les compteurs empileurs, puis les fardeleuses et les ficeleuses ;
– le *quai des expéditions* : d'où partent chaque nuit les camions pour livrer les points de vente.
Également une ***exposition permanente*** consacrée à l'histoire de *La Dépêche du Midi* et de ceux qui l'ont faite.

Marché d'intérêt national Toulouse Métropole : *146 et 200, av. des États-Unis, 31000 Toulouse. ☎ 05-61-47-68-48 (8h-12h, 14h-16h). • manatour.fr •. Visite guidée seulement, mer à 8h30 ou ven à 6h et 8h30. Résa obligatoire pour les groupes et les individuels par mail • reservation@manatour.fr • Visite de groupe sur rdv, jusqu'à 50 pers. Tarifs sur demande. Durée de la visite : 1h30.*
Le MIN de Toulouse est le ***3e plus gros marché d'intérêt national en tonnage de fruits et légumes.*** Il occupe 18 ha de surface, dont 6 construits. 400 producteurs viennent y vendre leurs produits ; le secteur horticole à lui seul représente un quart d'entre eux. 6 000 acheteurs viennent s'y fournir : grossistes, grandes surfaces, commerces alimentaires, marchés de la ville et de la région, restaurants... Un « carreau des producteurs » offre 2 100 m^2 de surface couverte aux agriculteurs locaux. Tous les domaines de l'alimentaire (et au-delà) sont couverts : la marée, les produits carnés, l'horticulture et les fruits et légumes. Le tout représente près de 900 emplois : une véritable « ville dans la ville » et une visite tout en odeurs et en saveurs.
Le + : dégustation possible, 4 restaurants, une guinguette, une boulangerie (Thierry Marx).

© Manatour

Les coulisses du Stade toulousain : *stade Ernest-Wallon, 114, rue des Troènes, 31200 Toulouse. Bus ligne 1, arrêt Nougaro. Visite guidée sur résa obligatoire : ● manatour.fr ● Entrée : 14 €, réduc. Min 10 pers, max 25 pers.*
Le Stade toulousain sur le site Ernest-Wallon est un ***lieu mythique*** pour les amateurs de rugby, d'autant plus qu'il est aujourd'hui le ***club français le plus titré.*** Le ***rugby*** est en Occitanie plus qu'une passion, c'est presque une religion à laquelle toutes les générations communient dans une même ferveur pour le ballon ovale et ses joueurs. Si vous faites partie des amateurs, n'hésitez pas à aller visiter le Stade ! Après être passé devant le mur du palmarès, le mur des internationaux et par les vestiaires de l'équipe professionnelle, vous allez vite vous prendre pour un joueur, fouler le bord du terrain, vous asseoir sur le banc de touche. Vous entendez la foule en délire... Ensuite, direction la salle de musculation et un aperçu du centre d'entraînement. C'est aussi l'occasion de découvrir ***l'histoire du club,*** les joueurs, les entraîneurs, les matchs historiques, les dates et faits marquants. Bref, 1h30 de plaisir.

RENDEZ-VOUS AU STADE !

Il serait impardonnable de passer à Toulouse sans aller voir jouer le Stade toulousain, l'une des toutes 1res équipes de rugby françaises (voire mondiales) ! Tiens, savez-vous pourquoi le Stade toulousain joue en rouge et noir ? Parce que c'était la couleur des capitouls (magistrats de la ville aux périodes médiévale et moderne). Les matchs ont lieu au stade des Sept-Deniers ou Ernest-Wallon, et parfois au Stadium (pour les grandes affiches). Pour connaître les dates des événements, renseignements à l'office de tourisme, sur le site internet ● stadetoulousain.fr ● ou dans le quotidien Midi Olympique *; de toute façon, vous le saurez en vous promenant en ville...*

TARN

Ancien territoire de la province du Languedoc, le Tarn est rattaché à la région Occitanie, dans l'ombre de la riche Toulouse. Le Tarn partage la Montagne Noire avec l'Aude et le parc naturel régional du Haut-Languedoc avec l'Hérault... Mais le Tarn se passe de toute considération géopolitique, il a son originalité pour lui, ses villages médiévaux et sa ville rouge, Albi, domptée par la cathédrale la plus hallucinante de France. En revanche, n'y cherchez pas les gorges du Tarn... elles sont en Lozère !
• tourisme-tarn.com •

ALBI

© Lore Camillo - Les Poteries d'ALBI

Les Poteries d'Albi : *112, av. Albert-Thomas, 81000 Albi. ☎ 05-63-60-71-00. • lespoteriesdalbi.fr • Visite de groupe sur rdv (sauf 3e sem juil, 3 1res sem d'août et entre Noël et le Nouvel An), à partir de 20 pers. Groupes scolaires à partir du CP. Lun-ven 8h30-11h, 14h-16h. Tarifs : 5 €/pers ; moins de 14 ans et scolaires : 3 €. Durée de la visite : 45 mn-1h. Boutique : lun-sam 8h30 (10h sam)-12h, 14h-19h.*
Être briquetier à ***Albi, ville toute de briques et de tuiles rouges, classée par l'Unesco,*** c'est s'incorporer à la chair même de la ville... C'est en 1891 qu'est fondée la briqueterie Bergeal, qui participe à cette odyssée de la terre. Elle ouvre la voie à une meilleure connaissance de l'argile, dont la souplesse et l'élasticité permettent de tourner des formes originales et d'émailler des couleurs vives et lumineuses. En 1962 apparaît la Poterie Bergeal, qui perpétue la tradition locale du ***jaspé,*** un émaillage qui aboutit à un jaillissement de couleurs chaudes aux formes abstraites du plus bel effet, un motif flammé unique. Les Poteries d'Albi sont portées sur les fonts baptismaux en 1978 – un changement de nom qui

LE BASSIN DE LA GARONNE

accompagne le redéploiement de l'activité avec des lignes de poteries horticoles et culinaires associant tradition et air du temps. ***Un savoir-faire qui se transmet depuis 6 générations de mère en fille.*** La visite traverse les ateliers des tourneurs, la salle de l'émaillage, les enfourneurs et les défourneurs, le service expédition, pour finir à la boutique qui vend des pièces uniques ou des séries très limitées à prix d'usine.

Les + : atelier autour de la terre et de la couleur *(fabrication d'une pièce en terre cuite et son émaillage ; 60 €/pers, 30 €/enfant, visite et fourniture du matériel inclus). La visite est remboursée pour tout achat supérieur à 20 € par personne. Un petit cadeau offert à la sortie de la visite.*

Label : Entreprise du Patrimoine Vivant.

BURLATS

Missègle : *Lafontasse, 81100 Burlats (à 5 km de Castres). 05-63-51-09-86. • missegle.com • Visites guidées juil-août, mar et jeu à 11h et 14h30 ; sept-juin : jeu à 14h30. Atelier enfant mer à 10h. Résa obligatoire. Tarifs : 5 €/pers, 3 € moins de 6 ans. Boutique lun-sam : 10h-12h30, 14h-18h.*

En 1983, Myriam Joly arrive à la ferme accompagnée de son troupeau de chèvres angora, et commence à produire des ***vêtements en laine de mohair.*** Dynamique, elle crée une coopérative d'éleveurs, et n'a de cesse de rechercher les fibres les plus douces, tout en s'attachant au respect de l'environnement. Plein succès : en 2018, elle conçoit ***les chaussettes les plus solides du monde !*** La visite guidée permet de découvrir la technique presque disparue du remaillage à la main, d'observer l'atelier en fonctionnement et de voir, grâce à la projection d'une vidéo, les différentes étapes du métier, de l'élevage jusqu'à la chaussette.

Label : Entreprise du Patrimoine Vivant.

CAMBOUNET-SUR-LE-SOR

Pastel de la Serre *: 81580 Cambounet-sur-le-Sor. 06-67-44-66-67. • pasteldelaserre.fr • Visite avec démonstration de teinture, durée 1h30, 13 €. Visite avec en plus teinture d'un article de votre choix à l'atelier accompagné du maître pastelier, 15 € + achat de l'article textile (20 à 45 €) durée 2h (5 € de participation si vous venez avec votre tissu).*
C'est dans un superbe lieu, un ***magnifique château et son domaine de 8 ha,*** que Bruno et Régine perpétuent la tradition familiale du pastel. C'est donc guidé par le maître des lieux que vous allez découvrir le pastel, ***plante tinctoriale,*** qui fit autrefois la richesse du territoire entre Mazamet, Albi et Toulouse, surnommé pour cette raison ***pays de cocagne.*** Cette plante qui produit de petites fleurs jaunes au mois de mai et donne une teinture bleue très résistante, a pendant longtemps trouvé ici des conditions très favorables à sa croissance. La couleur s'obtenait à partir des feuilles. Après la récolte, celles-ci étaient réduites en bouillie dans un moulin pastelier. On en faisait alors des boules, appelées « coques », qu'on laissait sécher plusieurs jours dans des séchoirs. Ce n'est qu'après une longue fermentation très odorante, qu'on obtenait la célèbre teinture bleue, réduite ensuite en poudre. Le bleu pastel était plébiscité pour ses qualités (le « bleu charrette » permettait de protéger les outils agricoles et les menuiseries en repoussant les moustiques) mais aussi pour sa capacité à fixer les autres couleurs. Sa réputation était sans égale dans toute l'Europe.
On peut découvrir ici ***l'intégralité de la chaîne de production*** de la culture du pastel jusqu'à la teinture. À l'indigoterie, on vous expliquera comment la plante est transformée en pigment. Une visite originale et passionnante.

UNE PEUR BLEUE

Le pastel connut son âge d'or à la Renaissance, mais les Gaulois, eux, avaient déjà bien compris les vertus de cette plante : ils l'utilisaient pour se peindre le visage en bleu avant d'aller au combat. Les troupes de Jules César auraient été tellement effrayées par ce déballage de furies qu'elles auraient eu une peur... bleue !

UN BOULOT À SE PISSER DESSUS

Le bleu de pastel a besoin d'ammoniaque pour mieux se fixer sur les étoffes. Elle se trouve en abondance dans l'urine des hommes (plutôt alcoolisés). On raconte qu'autrefois, ces joyeux drilles étaient payés pour picoler !

Château des Plantes : *château de la Serre, rte de la Serre, 81580 Cambounet-sur-le-Sor. ☎ 05-32-09-11-74. • chateaudesplantes.com • Visite découverte 13 €/pers, durée 1h30 ou visite découverte + atelier teinture avec un produit acheté dans la boutique 15 €/pers, durée 2h30. Sur résa uniquement. Voir horaires sur le site. Pour les groupes de 8 pers min, résa obligatoire. Boutique : lun-sam 9h30-12h, 14h-17h30.*
Dans cette propriété familiale tarnaise, comme son nom l'indique, on se consacre à la ***culture biologique de plantes aromatiques*** et on s'emploie à redonner vie à des espèces botaniques oubliées de la région comme le cynara (plus connu sous le nom d'artichaut sauvage), le pastel ou bien encore la lavande pour concevoir des cosmétiques bio à base d'actifs naturels. On est ici dans une maîtrise complète de la plante aromatique et médicinale biologique, locale, de la culture

LE BASSIN DE LA GARONNE

jusqu'aux produits cosmétiques. La visite offre donc la possibilité de mieux comprendre ce processus vertueux depuis la récolte à la teinture végétale en passant par l'extraction et l'indigoterie dans les règles de l'art du XVIIe s. Pour la lavande, on passera dans la distillerie et on terminera avec le bar à odeurs et sa collection d'huiles essentielles. Une belle visite, à la fois odorante et intéressante.

© SIRIUS Château des plantes

CASTRES

La brasserie Burtonian : *21, Les Impasse de Sicardens Bas, 81100 Castres. 07-68-69-44-81. • burtonian.fr • Visite guidée ven à 15h et sam à 10h. Durée : 1h. Sur résa à l'office du tourisme ☎ 05-63-62-63-62. Tarif : 5 €. Achat en fin de visite.*

Avec ses façades multicolores se reflétant dans l'eau, cette « petite Venise du Languedoc » ne manque pas de charme. Un charme auquel a cédé un Anglais de Burton-on-Trent, auquel ne manquaient, d'Angleterre, que ses bières... Alors il les fabrique lui-même ! Nous, on craque pour l'exotisme de l'accent et du style des bières – qu'on déguste après avoir circulé entre les cuves de brassage et de fermentation, en écoutant les explications de ce passionné.

© Géraldine Pellé

GRAULHET

© Mandy Lina

Ateliers Fourès : *27, rue Gay-Lussac, 81300 Graulhet. ☎ 05-63-34-79-26. • ateliersfoures.fr • Visite guidée uniquement jeu à 14h, résa auprès de l'office de tourisme • la-toscane-occitane.com • ou ☎ 0-805-400-828. Tarif : 6 €, gratuit moins de 18 ans. Durée : 30-40 mn. Visite de groupe sur demande. Accès au stock de l'atelier (lun-jeu 8h-12h, 13h-17h ; ven 8h-12h, 13h-16h).*
Graulhet fut la ***capitale mondiale du cuir,*** avec tout un écosystème d'entreprises qui œuvrent autour de cette matière. Les fabricants de maroquinerie ont hérité de ce patrimoine technique et humain, et en perpétuent la tradition. Les ateliers Fourès, fondés en 1969, en constituent un bel exemple. Pas d'accroche particulière à l'extérieur – un bâtiment classique des années 1970 –, mais à l'intérieur, une ***belle visite immersive où la notion de manufacture prend tout son sens.*** Chouette parcours pédagogique, où l'on suit le processus de fabrication, de la coupe au conditionnement en passant par le parage, l'embossage, le montage, le piquage, les finitions. C'est l'occasion de décrypter le vocabulaire du métier – non, un cuir n'est pas végan parce qu'il est « pleine fleur » ! –, de comprendre les secrets de la matière – on est spécialisé ici dans le ***cuir souple*** –, de plonger dans un univers 100 % *made in* France de la tannerie et la mégisserie (comme la tannerie mais pour les ovins et les caprins)... Ici, aucun passéisme, des formes élégantes et des couleurs qui claquent. Sacs, portefeuilles, ceintures : on fait le plein de cadeaux séduisants et locaux !
Label : Entreprise du Patrimoine Vivant.

Pour approfondir, n'hésitez pas à visiter la ***Maison des métiers du cuir :*** *33, rue Saint-Jean. ☎ 05-63-42-16-04. ♿ Ouv en saison estivale. Tarifs : entre 2 € et 4 €. Possibilité de visite guidée sur résa tt l'année (min 10 pers).* Véritable culture locale depuis des siècles, le travail du cuir a fait de Graulhet la capitale de la basane, cuir essentiellement utilisé pour la doublure des chaussures. La ville est encore aujourd'hui l'un des plus grands centres français de la ***mégisserie,*** le « tannage des petites peaux ». Dans une ancienne usine sur les rives du Dadou, présentation des métiers de la mégisserie et de la ***maroquinerie.*** Une visite intéressante pour tout comprendre sur le processus de transformation de la peau de bête en cuir, et au-delà, pour découvrir la variété des métiers liés à cette activité, et admirer le savoir-faire de toute une région.

LABASTIDE-DE-LÉVIS

Cave de Labastide de Lévis : *La Barthe, 81150 Labastide-de-Lévis. ☎ 05-63-53-73-63. • cave-labastide.com • Visite libre. Sept-juin, lun-sam 9h-10h30, 14h-16h30 ; juil-août, lun-sam 9h-11h30, 14h-17h30. Tarifs : 3 € ; gratuit moins de 18 ans. Visite guidée à partir de 10 pers sur résa : tte l'année, lun-sam à 10h30 ou 15h30. Tarifs : 5 €, gratuit moins de 18 ans. Visite guidée sans résa juil-août, mer-sam à 15h30. Tarifs : 6 € ; gratuit moins de 18 ans. Résa par tél ou par mail : • tourisme@cave-labastide.com • Durée de la visite : 1h30. Boutique : tte l'année, lun-sam 9h-12h, 14h-18h ; juil août, tlj 9h-13h, 14h-19h.*

Avec ses collines ondulantes où alternent vignes, cultures et prairies, avec Gaillac et sa forêt de toits aux tuiles rouges, avec cette lumière du coin si particulière, le Gaillacois est une région qui prend par moments des allures et des couleurs toscanes. Entre Albi et Gaillac, au cœur de ce vignoble, la cave de Labastide propose un voyage ludique à la découverte des ateliers de vinification, de la chaîne d'embouteillage, du chai à barriques, en passant par le jardin des vignes, ainsi qu'un film retraçant son histoire. Installée depuis 1949, c'est à la fois ***la plus ancienne et la plus importante cave coopérative de vinification du Tarn.*** Ses vignerons défendent, depuis sa création, la production d'un vin de qualité, qui se caractérise par une démarche alliant savoir-faire ancestral et modernité technologique. Spécialisée dans le ***gaillac perlé*** (vin légèrement pétillant) qu'elle a lancé en 1958, elle reste une référence pour les amateurs de vins.

LABRUGUIÈRE

Manufacture textile Regain : *espace entreprise Le Causse, 1, rue Pierre-Gilles de Gennes, 81290 Labruguière. ☎ 05-63-59-17-26. • manufacture-regain.fr • Visite sur rdv directement auprès de l'entreprise (fermé en août) ; résa par tél lun-ven ou auprès de l'office de tourisme de Castres : • tourisme-castresmazamet.com/fr/visites-guidees/individuels/reserver • Jeu à 14h ; 5 €. Durée : 1h30.*

Encore une histoire de famille et une belle réussite pour une entreprise qui a su s'adapter aux nécessités du temps sans perdre son identité. En 1973, François Brunas crée son premier atelier de ***tricotage*** à Castres. Puis, la manufacture se lance dans la confection de ***pulls*** pour des grandes marques. Dans les années 1990, l'entreprise s'oriente vers le ***vêtement professionnel*** et réalise le premier ***pull de la gendarmerie nationale,*** avec sa fameuse bande blanche, ainsi que le ***pull des sapeurs-pompiers.*** De fil en aiguille, l'entreprise élargit son offre vers des

produits techniques pour les professionnels sur la base de pulls. En 2009, Laurent Brunas reprend la manufacture et adopte une démarche de responsabilité sociétale. C'est dans cette optique qu'est créé un ***service de récupération et de recyclage*** de produits usagés chez les clients. Les articles sont ensuite envoyés à leur partenaire la filature du Parc pour être transformés en fils à tricoter recyclés. Puis vient le virage vers la mode, avec la création de la ***marque Pic de Nore*** et d'un site internet dédié. Écoconception, circuit court, défense de la laine française : des problématiques dans l'air du temps ! Une visite très intéressante donc.
Label : Entreprise du Patrimoine Vivant.

LACAUNE-LES-BAINS

Oberti et Fils : *chemin de Granisse, 81230 Lacaune-les-Bains. ☎ 05-63-50-82-04. 06-47-02-69-42. • oberti.fr • Visite libre avec audioguide, lun-sam : 9h30-11h, 14h30-17h. Visite guidée sur résa (juil-août uniquement) : lun-sam à 10h30 et 15h. Tarifs : 4 € avec audioguide et 6 € en visite guidée (gratuit pour les enfants de moins de 10 ans). Groupes et autocaristes : sur demande. Durée de la visite : 1h. Pensez à prendre une petite laine : la température est de 13 °C dans le séchoir à jambons ! Boutique : lun-sam 9h30-12h, 14h30-18h (19h juil-août).*
Cette entreprise familiale fondée en 1956, l'une des salaisons les plus réputées de Lacaune, produit près de 2 000 jambons par semaine et propose une intéressante visite commentée. À travers de grandes vitres, on comprend le ***processus de production du jambon :*** salage au sel de mer, phase de maturation, séchage. On a aussi le privilège de pénétrer dans un impressionnant séchoir à jambons... Également un espace musée avec d'anciennes machines en état de marche, et divers objets d'époque. En fin de visite, vidéo, démonstration de tranchage d'un jambon avec l'os par le maître salaisonnier, et ***dégustation*** gratuite. À la boutique, spécialités de la maison à prix intéressants.
Labels : France savoir-faire d'excellence, Sud de France.

Pour compléter cette visite, on peut se rendre à la ***Maison de la charcuterie*** *(☎ 05-63-37-46-31 en saison ou ☎ 05-63-37-04-98, bureau d'infos touristiques).* Avec près de 35 000 t produites par an dans le coin, la charcuterie méritait bien ce lieu ! Dans cette maison du XVIIe s très bien aménagée, on apprend tout sur la charcuterie dans les monts de Lacaune, une spécialité locale faite de savoir-faire ancestraux. Saviez-vous par exemple qu'il vaut mieux tuer le cochon lorsque la lune est en phase descendante pour une meilleure conservation des produits ? La prise au sel s'effectue également dans de meilleures conditions à cette période. L'histoire singulière de cette petite ville de montagne et de ses environs est aussi évoquée.

LE BEZ

Carrière, atelier et maison du Sidobre (le monde du granit) **:** maison du Sidobre, Vialavert, 81260 Le Bez. ☎ 05-63-74-63-38. • accueil@sidobretourisme.fr • Visite guidée seulement. Juil et fin août : mer et jeu à 15h, selon disponibilité des entreprises. Vac scol automne et printemps zone C : mer à 15h. Tarifs : 6 €/pers ; moins de 12 ans : 4,50 €/pers. Visite de groupe possible tte l'année sur rdv, pour 15-100 pers. Pour 15-30 pers : 4,50 €/pers ; pour plus de 30 pers et scolaires : 4 €/pers. Durée de la visite : env 2h. Boutique : nov-mars, lun-ven 10h-12h, 14h-17h ; avr-oct, tlj 10h-12h, 14h-17h (10h-18h juil-août) ; fermé vac scol de Noël.

Prolongement naturel du Massif central, dans le parc naturel régional du Haut-Languedoc et à quelques kilomètres seulement de la plaine industrielle de Castres, la sauvage forêt montagneuse du Sidobre (alt. 650 m), sillonnée de petites routes tortueuses et ombragées, cache de sensationnelles ***curiosités géologiques.*** Constellé sur 100 km^2 de monumentaux blocs de granit, ce site où jouent les forces naturelles est devenu le théâtre d'un phénomène d'érosion modelant depuis des millénaires les rocs en silhouettes fantastiques... On y découvre, au hasard des sentiers, ici un petit éléphant, là une oie démesurée, puis des fromages superposés, une rivière de rochers, un œuf de 800 t en équilibre sur un socle, d'autres blocs tremblants et, partout, une multitude de chaos à donner le vertige ! Ce ***gigantesque espace de granit*** de 12 000 ha est aussi le plus grand centre européen d'exploitation du granit. Environ 108 000 t de granit brut sont extraites chaque année, et plus de 100 entreprises travaillent à mettre en valeur les formidables ressources de ce gisement.

La maison du Sidobre, aux animateurs très compétents, vend des cartes, topoguides de randonnées et plein de petits livres intéressants. Un ***centre muséologique*** sur le travail du granit se trouve dans ce même bâtiment, vous y découvrirez l'évolution du métier *(accès libre).*

À côté de la maison du Sidobre, petit ***sentier*** de 15 mn sur la géographie et la géologie des lieux avec des reproductions de statues menhirs. Le parcours « *Sidobre, le monde du granit* » permet d'appréhender, accompagné d'un guide, toutes les étapes du travail de cette roche, de l'extraction à la transformation.

SOUAL

Laboratoires Pierre Fabre : *rte de Cambounet-sur-Sor, 81580 Soual. Une visite par semaine de 8h30-12h30. Résa obligatoire auprès de l'office de tourisme de Castres-Mazamet : ● tourisme-castresmazamet.com/fr/visites-guidees/individuels/reserver ● ou ☎ 05-63-62-63-62. Tarif : 10 €. Visite à partir de 15 ans (accompagné d'un adulte). Carte d'identité à présenter.* ***Pantalon et chaussures de marche obligatoires.*** *Pas de bijoux. Rdv directement sur le site de production à Soual.*

On ne le sait pas toujours mais le groupe Pierre Fabre, aujourd'hui ***2d groupe pharmaceutique français,*** est né à Castres de l'idée d'un jeune pharmacien. Celui-ci, féru de botanique, met au point un veinotonique à base d'un principe actif extrait des racines du petit houx, un arbuste local. En 1962, il crée sa société, les *laboratoires Pierre Fabre*, et dès lors le groupe ne cesse de se développer en associant la pharmacie à la botanique, fondement d'une nouvelle activité : la dermo-cosmétique. À la clé, le succès que l'on connaît !

Ouverte en 1968 et située à une dizaine de kilomètres de Castres, l'usine de Soual est le site industriel historique du Groupe Pierre Fabre et reste aujourd'hui sa plus grosse usine. Avant de démarrer, vous serez équipé d'un casque et d'une tenue adaptée (charlotte, sur-chaussures...).

La ***visite immersive et guidée*** permet l'accès à 2 sites emblématiques : le ***conservatoire botanique de Cambounet-sur-le-Sor*** dédié à la recherche, la sauvegarde et la conservation des plantes avec la visite des serres et la découverte de plus de 900 espèces végétales, dont 285 espèces protégées... Et ***l'unité de production de Soual,*** une usine à la pointe de la technologie dédiée à la fabrication et au conditionnement de l'ensemble des marques dermo-cosmétiques du Groupe (*Avène, Ducray, A-Derma, Klorane* et *René Furterer*). Le parcours de 3 km est passionnant et permet d'appréhender de façon concrète la dermo-cosmétique et le mode de fonctionnement de l'entreprise.

VILLENEUVE-SUR-VÈRE

Distillerie Castan : *55, chemin de la Cardonnarie, 81130 Villeneuve-sur-Vère. • distillerie-castan.com • Visite sur résa uniquement par tél ☎ 05-63-53-04-61 ou sur le site internet. Lun-sam à 11h et en général 15h. Tarif : 12 €. Durée 1h15 à 1h30. Boutique : lun-sam, 9h30-12h30, 14h-18h.*

© Raynaud Photo

Non, le ***whisky*** n'est pas uniquement l'apanage des Écossais ou des Irlandais. Inutile de traverser « *the Channel* » : ici aussi, dans le Tarn, on fait du ***whisky occitan*** depuis 2010, dans cette distillerie familiale où se sont déjà succédé 3 générations. À 7 km de Cordes-sur-Ciel, les époux Castan sont à la fois agriculteurs, viticulteurs (on est dans la zone de Gaillac) et fabricants de whisky et spiritueux. Une partie de leurs terres est dédiée à la culture de l'orge de brasserie bio. Décidés à fabriquer des produits 100% locaux, ils innovent à la fois dans le monde du whisky et dans le monde du vin, y compris avec un vin vieilli en fût de whisky, très spécial ! La visite est l'occasion de se faire expliquer toutes les opérations qui conduisent de la sélection de l'orge au vieillissement en tonneau, et se termine par une dégustation.

FÊTES ET MANIFESTATIONS

Printemps

– ***Vignoble en fête :*** *dernier w-e de mars, à* ***Riscle.*** Sur plusieurs communes de l'appellation saint-mont. Portes ouvertes des caves, visites-dégustations, animations.
– ***L'Omelette géante de Bessières :*** *le w-e de Pâques, à* ***Bessières.*** Une omelette géante de 15 000 œufs préparée par la Confrérie des chevaliers de l'omelette géante de Bessières (rien que ça !) ! Dégustation gratuite, et il y en a pour tout le monde ! Grande convivialité.
– ***Biocybèle :*** *dim-lun de Pentecôte, à* ***Graulhet.*** • *nptarn.org* • Grande foire agrobiologique. Conférences, débats, animations, concerts... La plus grande foire bio du Sud-Ouest.

Été

– ***Bienvenue Chai les Vignerons :*** *le jeu soir en juil-août, à* ***Fronton.*** Visites et dégustations payantes dans les domaines de l'AOP.
– ***Festival Musique en vignes :*** *en juil-août, sur l'ensemble du* ***Frontonnais.*** *Rens : ☎ 05-61-74-80-69 (office de tourisme).* • *musique-en-vignes.com* • Concerts *(payants)* de musique classique organisés dans de superbes cadres (églises, domaines viticoles, chais, etc.).
– ***Les Estivales du chapeau :*** *5 j. autour du 14 juil, à* ***Caussade.*** • *chapeau-caussade.fr* • Une fête consacrée au chapeau, la fierté de Caussade ! Différentes animations (démonstrations de fabrication de chapeaux, défilés, concerts...).
– ***Fête du Goût et des Saveurs :*** *3e dim de juil, à* ***La Ferme du Ramier*** *(à 4 km de* ***Montauban,*** *en direction de Nègrepelisse).* • *tourisme-tarnetgaronne.fr* • Grand marché animé avec moult productions locales. Après vous être essayé à la traite à la main, dégustez les produits exposés autour d'un pique-nique géant proposant de nombreuses spécialités locales du traditionnel aligot à la tome du Ramier, assiette gasconne.
– ***Marché des potiers :*** *3e w-e de juil, à* ***Lauzerte.*** • *lauzerte.fr* • Rassemble une quarantaine de potiers venus de toute la France.
– ***Fête de la Charcuterie :*** *un dim fin juil, à* ***Lacaune-les-Bains.*** Foire aux produits du terroir, démonstration du *masèl* (découpe traditionnelle du cochon), défilé des confréries, visite de charcuteries.
– ***Fête de l'Ail :*** *dernier dim de juil, à* ***Lomagne.*** • *tourisme-tarnetgaronne.fr* • Cultivé dans la région depuis le Moyen Âge, l'ail bénéficie aujourd'hui d'une IGP, environ 300 producteurs répartis sur près de 350 ha cultivent un ail blanc. Vente et dégustation de produits autour de l'ail et concours de tourin (soupe à l'ail).
– ***Les Buissonnières :*** *2 dates, fin juil-début août, dans le* ***Frontannais.*** Dans un village ou sur un domaine du Frontonnais, en soirée, un marché gourmand pour découvrir le vignoble (producteurs locaux, jeux et repas). Ambiance familiale.
– ***Fête de l'Ail :*** *1er jeu d'août, à* ***Saint-Clar.*** Marché de producteurs, démonstrations de tressage. Le midi, *repas des fermières* servi sous la halle ; le soir, grand repas dans la rue.

AÏE AÏE AIL !

L'IGP « ail blanc de Lomagne » correspond à une zone géographique délimitée de 200 communes entre le Tarn-et-Garonne et le Gers. L'implantation de l'ail blanc sur le terroir de Lomagne remonte à 1265 ! Ce condiment universel est souvent célébré dans la région.

– ***Fête des Vins :*** *1er w-e d'août, à **Gaillac**.* • *vins-gaillac.com* • Une soixantaine de vignerons, des dégustations gratuites, village gourmand, concerts et, bien sûr, embrasement du château (feu d'artifice) dans le parc de Foucaud !
– ***Fête de l'Ail Rose :*** *1er ven et sam d'août, à **Lautrec**.* Concours de compositions artistiques et de *manouilles* (grappes d'ail), défilé des confréries de l'ail, etc. Soupe à l'ail gratuite pour tous le midi. La journée s'achève par un repas... autour de l'ail. Soirée tapas le samedi.
– ***Fête du Vin des coteaux du Quercy :*** *2e sam d'août, à **Castelnau-Montratier** (année impaire) ou à **Montpezat** (année paire).* Marché avec produits du terroir, dégustations et animations.
– ***Fête du Melon :*** *ven de la sem du 15 août, à **Lectoure**.* Concours de dégustation pour élire le meilleur producteur, défilé de la confrérie du melon avec intronisation d'une personnalité. Pour finir en beauté, bal populaire !
– ***Fête du Pain et du Goût :*** *15 août, à **Lautrec**.* Marché aux pains, ateliers enfants... Grand rassemblement de producteurs du coin.
– ***Foire au miel et aux produits du terroir :*** *15 août, à **Castelnau-de-Montmiral**.*
– ***Fête de l'Ail :*** *1er lun après le 15 août, à **Mauvezin**.* Producteurs présentant des compositions artistiques en peau d'ail. Repas à l'ail en soirée avant l'élection de la Reine de l'ail...
– ***Rencontres de l'ail :*** *3e jeu d'août, à **Saint-Clar**.* Marché traditionnel, présentation de maquettes faites en peau d'ail (!), animations. Le midi, grand festin autour de la thonade (la ville de Gruissan, jumelée avec Saint-Clar, fournit le thon).
– ***Fronton, saveurs et senteurs :*** *w-e suivant le 15 août, à **Fronton**.* LA grande fête des vins de Fronton : dégustation et produits locaux, concerts. Plus de 30 000 visiteurs durant le week-end !
– ***Les Gasconnades :*** *4e w-e d'août, à **Lectoure**.* • *lesgasconnades.fr* • Festival des traditions gasconnes (musiques, danses, jeux, spectacles de rue, gastronomie).
– ***Des étoiles et des ailes :*** *dernier w-e de sept, les années impaires, meeting aérien à l'aéroport de **Francazal**.* • *meeting.desetoilesetdesailes.com* • Expositions d'avions, démonstrations en vol, notamment de la patrouille de France. Les années paires se tient le ***festival aérospatial*** *(1 w-e en automne, à la Cité de l'espace).*

Automne

– ***Biennale du Verre :*** *3 j. début oct (années impaires), à **Blaye-les-Mines**.* Près de 50 verriers venus des 4 coins de la France se retrouvent sur le domaine : expo-vente, démonstrations pour se familiariser avec les différentes techniques de travail du verre, ateliers pour petits et grands.
– ***La Ronde du foie gras :*** *2e dim d'oct, à **Mauzevin**.* • *rondedesfoiesgras.com* • Course pédestre et cycliste en binôme avec des haltes dans différentes fermes. Se termine par un repas sous la halle avec dégustation de foie gras, cela va de soi.
– ***Les visites d'entreprise des métiers de la vini-viticulture :*** *fin oct., à **Gaillac**.* • *la-toscane-occitane.com* • Chaque année en octobre, pendant 1 jour, les entreprises du vin ouvrent leurs portes au public : découverte des métiers, des processus de fabrication et des produits.
– ***Graulhet le cuir dans la peau :*** *fin oct., à **Graulhet**.* • *la-toscane-occitane.com* • Chaque année en octobre, pendant 2 jours, les entreprises du cuir ouvrent leurs portes au public, découverte des métiers de la maroquinerie, de la mégisserie, du tannage, etc.
– ***Foire à la Châtaigne :*** *dernier dim d'oct, à **Laguépie**.* Animations, producteurs locaux.
– ***Chai mon vigneron :*** *3e jeu de nov, à **Gaillac**.* De nombreux producteurs ouvrent les portes de leurs exploitations pour la sortie du vin primeur. Animations en soirée. Le vignoble gaillacois est en pleine effervescence !

– ***Gasconh'A Table :*** *4e w-e de nov, à* ***Samatan.*** Samatan reste célèbre pour son *marché au gras.* Les ventes s'y déroulent toute l'année dans les halles. C'est le marché le plus important du Gers (et même de France !), et Samatan y gagna ses surnoms de « Mecque du foie gras » ou « capitale de l'or rose ». *Gasconh'A Table* donne lieu à des démonstrations, des expos de producteurs du coin et un salon de la gastronomie locale.

– ***Flamme de l'Armagnac :*** *nov-déc, à* ***Eauze.*** • *armagnac.fr* • Différents domaines viticoles ouvrent leurs portes aux visiteurs. Repas sur résa.

Hiver

– ***Toulouse à Table ! :*** *tt au long de l'année, à* ***Toulouse.*** • *toulouseatable.org* • Plusieurs dates pour des événements et des soirées gourmandes dans différents lieux de la ville.

– ***Fête de la violette :*** *pdt quelques j. en fév, sur la pl. du Capitole, à* ***Toulouse.*** Se déroule quand la violette commence à fleurir.

La violette de Toulouse

LE MASSIF CENTRAL

• Carte *p. 24-25*

Le Massif central est lissé par l'érosion, laissant un formidable désordre de paysages contrastés. Forêts austères du Sidobre aux étranges blocs de granit, reliefs escarpés de la Montagne Noire et des monts de Lacaune, solitude steppique des Grands Causses, dépouillement majestueux des pâturages de l'Aubrac, autant d'images éloquentes qui incitent à prendre la route.
Les pèlerins de Compostelle avaient déjà donné le ton. Jacquets d'hier ou randonneurs pour le plaisir, tous convergent vers cette terre multiple où le détour est de rigueur.
La diversité du pays s'exprime à travers l'abondance de produits locaux comme la truffe, diamant noir du Quercy, les cabécous de Rocamadour ou encore l'incontournable roquefort car la zone a une forte vocation rurale : le département de l'Aveyron génère à lui seul le plus gros chiffre d'affaires agricole de la région. Les cultures céréalières et les élevages bovin, ovin et équin, mais aussi de canards et d'oies dans le Lot ainsi que la viticulture, sont les forces du secteur. L'industrie agroalimentaire est également représentée en Lozère avec, par exemple, la laiterie du Massegros, plus importante au monde pour le traitement du lait de brebis.

LOT

Le département du Lot actuel correspond au haut Quercy. Sur le plan géographique, le Quercy est une très vieille terre polie par l'érosion, dont une grande partie est recouverte par des causses (Martel, Gramat, Limogne) et des reliefs calcaires secs. On y trouve pourtant de véritables oasis dans les cuvettes creusées par les eaux puis recouvertes de limon fertile, des « jardins » à la végétation souvent luxuriante : vignes, plantations de tabac, vergers. La version cultivée d'une nature préservée qui est aussi un atout de ce département réputé pour ses sentiers de randonnée, en particulier le GR 65. De nombreuses forêts de châtaigniers et des pâturages apportent fraîcheur et verdure aux paysages.
Et ici et là surgissent des villages de rêve, sortis directement du Moyen Âge, sans qu'ait changé un bouton de porte. Ils portent des noms qui sonnent comme les pierres des causses : Carennac, Loubressac, Cardaillac, Rocamadour, Martel, Calvignac, Puy-l'Évêque, Souillac...

CAILLAC

Laboratoire Phyt's : *La Boygue, 46140 Caillac. ☎ 05-65-20-20-00. • phyts.com • Visite gratuite sur rdv, lun-ven 9h-12h. Durée : env 30 mn. Boutique : lun-ven 9h-18h (juil-août : sam également). Soins sur rdv.*

C'est en 1972 qu'un biologiste naturopathe et une esthéticienne créent une marque de ***cosmétiques naturels*** destinés aux professionnels de l'esthétique. En 2004, la marque est intégrée au groupe des Laboratoires Jérodia, spécialiste de « la beauté et la santé au naturel » et devient Phyt's. Et à partir de 2013, elle se développe à l'international.
Mais c'est depuis 2006 que Phyt's a implanté son unité de production dans les ***anciens chais du château de Lagrezette*** à Caillac, au cœur du Lot, près de Cahors. L'institut Phyt's est construit à partir de matériaux écologiques et raffinés à la fois. Les valeurs de la marque structurent son identité : naturalité et bio, responsabilités sociales – fabrication locale et environnementale, contenants recyclables, cultures en bio de diverses plantes et arbres sur leurs propres terres – mais aussi sociétale.
Hygiène oblige, avant d'entrer dans l'usine, on enfile une blouse, une charlotte et des surchaussures. La visite fait découvrir les ***différents postes de fabrication,*** les cuves et les machines qui permettent de fabriquer les cosmétiques de la marque. Vous pouvez même profiter d'un moment de détente au sein de leur institut ! Soin, diagnostic de peau et possibilité de tester les produits, histoire de prolonger cette parenthèse agréable et insolite chez vous.

LIMOGNE

Truffes Passion : *151, chemin du Joncas, 46260 Limogne. 06-21-52-77-70. • truffespassion.fr • Démonstrations de recherche de truffes avec le chien ven à 10h30 sur résa (plus lun à 17h et mer à 18h de mi-juil à mi-août). Tarif : 6,50 €. Durée : 1h30. Déc-mars, formule visite de la truffière et accompagnement sur le marché aux truffes mar et ven à 10h (10 € ; durée : 2h30). Dégustation de truffes sur résa (5-8 €).*
Sur une ancienne truffière, Marie-France, une passionnée sympa et dynamique, fait découvrir l'***univers de la trufficulture*** et commente le ***travail du chien*** à la recherche du précieux champignon. Idéal pour découvrir les ***secrets du diamant noir*** ! Plusieurs formules sont proposées : visite de la truffière et accompagnement sur le marché aux truffes de Limogne en Quercy, dégustation, apéritif à la truffe ou même séjour d'une semaine à la « Découverte de la truffe » *(déc-mars)* logé dans un gite avec visite de la région.

DES CROTTES DE LUXE

En Quercy, mais aussi en Rouergue et en Gascogne, les marchés des villages débordent de petites caisses de crottin de cheval. Ce « crottin », c'est la truffe, « le diamant noir », un gros champignon souterrain de 10 à 100 g qui, extrait de sa gangue terreuse, révèle une couleur noire et un parfum d'une force bouleversante. La truffe se développe sur des sols calcaires, au niveau des racines de chênes rabougris et de noisetiers, parfois plantés là tout exprès en « truffières ». Certains les préparent à la crème, comme des morilles. D'autres en omelette ou sous la cendre (40 mn enveloppées d'une barde de lard, sous papier d'argent). Plus les truffes sont coupées fin ou broyées, plus elles dégagent de saveur. Goûtez-les en salade d'œufs durs, après les avoir cuites au vin blanc, coupées en rondelles et arrosées d'huile de noix.

MARTEL

© Vincent-Baldensperger

Moulin du Castagné : *lieu-dit les Landes, 46600 Martel. ☎ 09-67-83-40-69. • moulincastagne.com • Visite gratuite tlj avr-nov 9h-12h30, 14h-17h30. En juil-août, fabrication d'huile de noix mar et jeu. Boutique : tlj avr-nov 9h-12h30, 14h-17h30 ; hors saison, appeler avant.*
Le moulin à huile, qui date de 1870 et a connu 7 générations de meuniers, est situé au cœur de la ***noyeraie familiale*** de 47 ha cultivée en ***agriculture bio,*** produisant annuellement 100 t de noix, non loin du petit village médiéval de Martel. Les noix récoltées, en AOP noix du Périgord, sont transformées sur place, dont une grande partie en ***huile de noix de grande qualité,*** récompensée de nombreuses fois au Concours général agricole (médaille d'or 2018 par exemple). La visite vous fera découvrir les étapes de la production et de transformation de la noix – on admire l'énorme meule de pierre et les rouages bien huilés dignes d'un décor de film. Pour les plus férus, possibilité de faire son huile de noix à condition d'apporter au minimum 25 kg de cerneaux, sur rendez-vous.
Les gourmands iront directement à ***La Table du Moulin*** *(☎ 05-65-37-40-69 ; ♿ ; tlj sauf lun, plus mar-mer hors saison ; congés janv-fév ; menu 33 €, sinon carte env 25-40 €),* qui propose une cuisine généreuse et traditionnelle, avec bien sûr la noix en guise de fil rouge. Confit de canards, gigot d'agneau, provenant de l'exploitation familiale à accompagner d'un vin, là encore, de la propriété. Vinaigrette et sauces, gâteau et soufflé glacé aux noix... du moulin bien entendu !

ROCAMADOUR

La Ferme des Campagnes : *lieu-dit Les Campagnes, 46500 Rocamadour. ☎ 05-65-33-62-54. • ferme-des-campagnes.com • Membre du réseau « Bienvenue à la ferme ». Visite de la ferme et dégustation gratuites pour* *les particuliers avr-sept (durée 1h). Différents horaires selon la saison : à consulter sur le site, rubrique « visitez la ferme ». Fermé dim. Pour les groupes, visites et dégustation possibles et gratuites tte l'année sur résa. Boutique : 15 juil-31 août, lun-sam 9h-12h30, 14h-19h ; avr-juin et sept, lun-sam 9h-12h, 14h-18h30 ; oct-mars, lun-sam 9h-12h, 14h-18h.*

Sur le causse (plateau calcaire), non loin de la belle cité médiévale de Rocamadour, cette ferme est tenue par 2 exploitants associés dont l'activité principale, depuis 1972, est d'***élever et de transformer les canards*** – mais ils ne s'y cantonnent (canetonnent) pas ! Leurs produits sont préparés sur place, dans leur propre atelier au cœur de la ferme, selon des recettes familiales immuables. Et pour accompagner le canard, la ferme exploite 3,5 ha de vignes plantés sur les coteaux argilo-calcaires de Rocamadour, produisant 4 types de vins en rouge et en rosé en IGP côtes-du-lot-rocamadour, ainsi que du ratafia pour l'apéro. La ferme a développé aussi une ***activité truffière,*** sans oublier une ***production de noix*** ensuite transformée en huile. Toutes les options gastronomiques du Quercy sont explorées ! La visite permet de découvrir l'ensemble de ces activités, de l'élevage des ***canards,*** la fabrication des produits au séchage des ***noix*** pour des cerneaux de qualité, en passant par la découverte d'une ***truffière*** et les explications sur la vinification. Tout cela met l'eau ou le vin à la bouche, et donne envie de déguster les produits sur l'***aire de pique-nique*** aménagée avec des jeux pour enfants dans un petit sous-bois.

LE MASSIF CENTRAL

SOUILLAC

Maison Louis Roque, musée de la vieille prune : *41, av. Jean-Jaurès, 46200 Souillac. ☎ 05-65-32-78-16. • lavieilleprune.com • ♿ Visite guidée du musée et des chais. Lun-ven 8h30-11h30, 14h-17h30 (16h30 le ven). Visite de groupe sur rdv jusqu'à 50 pers. GRATUIT. Durée de la visite avec dégustation : 30 min-1h. Boutique : lun-ven 8h30-12h, 14h-17h30 (avr-oct jusqu'à 18h), le w-e ouv seulement pour les visites de groupes sur résa.*

Souillac est une petite ville de plaine, porte de la vallée de la Dordogne, qui a gardé quelques charmantes traces de son passé médiéval. C'est ici que Louis Roque, 3ᵉ du nom, installe sa ***distillerie*** en 1905. Les recettes ancestrales y sont transmises au sein de la famille depuis ***5 générations.*** La visite permet de voir le personnel de la maison faire les mêmes gestes qu'autrefois, du remplissage au bouchage, puis de la pose de la cire sur le goulot jusqu'à l'étiquetage manuel des bouteilles. ***Belle collection de vieux alambics*** remontant à 1880. Depuis plus d'un siècle, « la Vieille Prune », célébrissime bouteille de prune à l'étiquette écrite à la plume d'oie, fleuron de la maison, y acquiert son goût unique, ses parfums subtils et sa longueur en bouche. Aujourd'hui, l'entreprise produit 150 000 bouteilles par an. À déguster à l'issue d'une visite instructive et savoureuse des chais.

AVEYRON

Au nord de la région Occitanie, l'Aveyron, ancien Rouergue, présente une grande diversité. Villefranche côtoie le Quercy ; l'Auvergne se dessine d'Entraygues à Laguiole dans l'Aubrac ; et, du haut du célèbre viaduc de Millau, c'est la Méditerranée qui pointe le bout de son nez. Des villages de contes de fées, par leur histoire et leur beauté, livrent au visiteur de fascinantes demeures médiévales quasi intactes (Belcastel, Peyrusse-le-Roc, La Couvertoirade, Conques, Najac, Brousse-le-Château, Castelnau-Pégayrols...). Un terroir authentique,

riche en surprises : marchés comme autrefois, produits locaux à l'ancienne, troupeaux de brebis ou de vaches immobilisant la circulation... On est directement en prise sur l'économie locale !
Si ce territoire a connu son époque de désertification, des activités comme la production des fameux couteaux de Laguiole, l'élevage des vaches Aubrac ou la production du fromage (roquefort ou laguiole) contribuent au renouveau économique du département. • *tourisme-aveyron.com* •

BROMMAT

Barrage EDF de Sarrans : *12600 Brommat. ☎ 05-65-66-19-75 (office de tourisme de Sainte-Geneviève-sur-Argence).* • *tourisme-aveyron.com* • *Se diriger vers le belvédère. Accès libre. GRATUIT.*
Voici ***l'un des multiples barrages construits sur le cours de la Truyère*** pendant l'entre-deux-guerres – entre 1929 et 1934 en ce qui le concerne. Une belle bête : barrage en béton de type poids épais de 75 m à la base, haut de 105 m, long de 225 m. Avec ses 4 turbines, il atteint une puissance totale de 183 MW. On comprend son fonctionnement en visitant l'ancien local-vigie du barrage, transformé en ***belvédère,*** qui abrite désormais une ***exposition en accès libre.*** La retenue d'eau en amont du barrage est proportionnelle : à 650 m d'altitude, en pleine zone Natura 2000, entourée de pentes boisées, 1 000 ha de surface, 300 millions de mètres cubes d'eau... Un environnement favorable aux poissons carnassiers, avis aux pêcheurs de brochet !
Pour conjuguer les plaisirs des découvertes et des loisirs, on se rend sur la ***presqu'île de Laussac.*** Joli village, restauration, chapelle construite en l'an 1000 (vestige d'un monastère), zone de baignade surveillée *(juil-août),* circuits balisés pour enfants ou vrais chemins de rando, y compris à vélo ou VTT, et 1 000 autres activités nature, tout est là pour rendre plaisante l'initiation au monde de l'énergie. Tables de pique-nique sur place.

CAPDENAC-GARE

Raynal et Roquelaure : *ZI Les Taillades, 12700 Capdenac-Gare. ☎ 05-65-34-06-25 ou ☎ 05-65-64-74-87 (office de tourisme du Grand Figeac).* • *raynal-roquelaure.fr* • *Visite guidée seulement, sur résa. Vac scol (sauf de mi-juil à mi-août) : mer à 10h. Tarifs : 7 € ; à partir de 12 ans et étudiant : 4,50 € ; gratuit moins de 12 ans. Visites de groupe sur rdv (sauf de mi-juil à mi-août et w-e) pour 15-50 pers. Tarifs : forfait 125 € (15-25 pers) ; forfait 240 € (25-50 pers). Durée de la visite : 2h.*
En 1876, Théophile Raynal, gérant du buffet de la gare de Capdenac, et Ernest Roquelaure, chef cuisinier, eurent la bonne idée de mettre en boîte les bons petits plats qu'ils préparaient. Le ***concept du plat cuisiné appertisé*** est né ! Les 2 associés fondent alors Raynal & Roquelaure. Aujourd'hui ***numéro 1 sur le marché des plats cuisinés en France,*** l'entreprise élabore et commercialise des recettes sous les marques Raynal & Roquelaure et Zapetti. La visite permet de découvrir l'histoire de la société en traversant le « couloir du temps ». Grâce à une ***galerie surplombant les ateliers,*** on suit l'ensemble des étapes de fabrication d'un plat cuisiné, de la préparation des plats à la mise en boîte et à l'expédition.

LE FEL

Poterie du Don du Fel : *à 3,5 km du village du Fel (12140), sur la D 573. ☎ 05-65-54-15-15. • ledondufel.com • Avr-sept, tlj 10h-18h30 (pause déj 12h-14h le w-e) ; oct-mars, tlj 10h (14h w-e)-18h. Entrée libre. Visite commentée des ateliers mar à 10h en juil-août (7 €).*

Le site est à couper le souffle et l'architecture des lieux très (très) moderne ! La poterie du Don du Fel est un **pôle européen dédié à la céramique contemporaine** dont l'espace d'expo-vente présente des œuvres d'artistes de renommée internationale. Une réussite que l'on doit à Suzy Atkins, qui confectionne des pièces très originales, dont certaines restent uniques (souvent décorées d'or) et d'autres reproduites en série. Espace de vente et **stages de poterie** toute l'année sur résa pour découvrir les tours de main et autres astuces pratiques de la création céramique. Un lieu vraiment magique.

LAGUIOLE

CONSEILS GOURMANDS

La tome fraîche de l'Aubrac au lait cru mélangée à une purée de pommes de terre se mange en aligot. Le fromage de Laguiole AOP, nécessitant au moins 4 mois d'affinage, peut se déguster avec la fouace, moelleuse et parfumée, ou avec de la saucisse à l'ancienne, que l'on trouve en ville. Miam, miam...

Coopérative Fromagère Jeune Montagne : *La Borie-Neuve, 12210 Laguiole. ☎ 05-65-44-35-54. • jeune-montagne-aubrac.fr • ♿ Sept-juin, visite libre : lun-sam 8h-12h, 14h-18h, dim et j. fériés 9h-12h. Juil-août avec visite guidée (départ ttes les 30 mn) : tlj 9h30-12h, 14h-18h (17h dim et j. fériés). Visites guidées de groupe sur rdv, pour 20-60 pers. La fabrication du fromage se fait essentiellement le matin. GRATUIT. Durée de la visite : 30 mn. Boutique : sept-juin, lun-sam 8h-12h, 14h-18h, dim et j. fériés 9h-12h ; juil-août, lun-sam 8h-19h, dim et j. fériés 9h-13h, 14h-18h. Vente de laguiole AOP, de tome fraîche et d'aligot de l'Aubrac préparés en barquette.*

Un morceau d'Auvergne en Occitanie, voilà l'Aubrac aveyronnais. L'esprit auvergnat, mais le cœur méridional. Ce bout du monde, à 1 000 m d'altitude, vous récompensera de son accès difficile. Là-haut, ce ne sont que vastes prairies couleur vert plomb, grattées par les nuages, où des pistes poussiéreuses conduisent à quelque buron abandonné. C'est aussi la patrie du **fromage de Laguiole.** D'un poids d'environ 40 kg, ce fromage à pâte pressée (non cuite) a un ancêtre prestigieux : la fourme, élaborée naguère dans le secret des burons de l'Aubrac. Il jouit d'une **appellation d'origine contrôlée** et obéit à des règles strictes. Seulement 73 communes peuvent se targuer de posséder les vaches dont le lait sert à son élaboration : des animaux de races Simmental ou Aubrac uniquement, qui doivent pâturer au minimum 120 jours, et dont l'alimentation hivernale ne s'effectue qu'avec les foins récoltés dans la région herbagère de l'Aubrac.

Le laguiole est aujourd'hui fabriqué en laiterie. La Coopérative Fromagère Jeune Montagne, sur la route de Saint-Flour, perpétue cette tradition. On y découvre la production du fromage de Laguiole AOP au lait cru entier et de la tome fraîche de l'Aubrac au lait cru. Après avoir visionné le film sur l'histoire de l'aligot de l'Aubrac et la production fromagère dans les burons, on pénètre dans la galerie surplombant les ateliers de fabrication observer le travail des fromagers au sein d'installations modernes, le matin. La visite s'achève par une dégustation de Laguiole AOP à différents stades d'affinage.

Forge de Laguiole : *route de l'Aubrac, 12210 Laguiole. ☎ 05-65-48-43-34. • forge-de-laguiole.com • Visite libre sept-juin, lun-ven 9h-12h, 13h30-17h30. Visite guidée avec démonstration de montage juil-août, lun-ven, départ à 10h, 10h45, 14h, 15h et 16h. Démonstration de montage seulement, sans visite le sam. Visite de groupe, sur résa sur le site. GRATUIT. Durée : 1h. Boutique : lun-sam 9h-12h, 13h30-18h (plus dim juil-août et jusqu'à 19h).*

Cette ***manufacture futuriste*** tout en aluminium est reconnaissable à sa lame de 18 m de haut qui traverse le bâtiment. Dessiné par Philippe Starck, il symbolise le renouveau de la production coutelière. En effet, longtemps fabriqué à Laguiole, il fut ensuite entièrement confectionné à Thiers (Puy-de-Dôme). Mais grâce à des acteurs locaux, la production est revenue sur place et aujourd'hui, ***100 000 couteaux*** sont créés chaque année ici par une centaine d'employés qui perpétuent la tradition. À l'intérieur, une grosse forge de 300 t sert à façonner les lames en acier (de l'Isère). À l'entrée, hall d'exposition et point de vente où l'on peut trouver d'authentiques laguioles et quelques très belles pièces uniques ouvragées par des maîtres artisans. Des séries spéciales dessinées par et pour de grands noms : Eddy Mitchell, Jean-Michel Wilmotte, Michel Bras, Andrée Putman et même... votre *Routard* préféré ! Durant la ***période estivale,*** la forge met en place des visites guidées de l'atelier avec démonstration de montage commentée, sur réservation pour les groupes.

Labels : France savoir-faire d'excellence, Entreprise du Patrimoine Vivant.

Coutellerie de Laguiole Honoré Durand : *route d'Aubrac, Zone Artisanale la Poujade, 12210 Laguiole. ☎ 05-65-51-50-14. • layole.com • Visite guidée tte l'année : lun-sam à 11h, 14h30, 15h45 et 17h. 1re partie :*

L'ABEILLE ET LE TAUREAU

Ce pourrait être le titre d'une nouvelle fable. Eh non ! Il s'agit en vérité des signes distinctifs de ces superbes couteaux du terroir Laguiole, à la fois élégants et pratiques. Certains racontent que c'est Napoléon III qui autorisa les 1ers couteliers du village à prendre l'abeille comme label de qualité, en remerciement de leur bravoure pendant les guerres du Second Empire. Et le taureau ? Il symbolise le village, et donc la marque du laguiole. Montés à la main et composés de matériaux de grande qualité (attention aux imitations !), les mitres et les rivets sont en laiton (le prix du couteau varie selon le nombre de mitres). La lame, à l'origine en acier, est aujourd'hui souvent en inox.

L'ÉPOPÉE DES COUTEAUX DE LAGUIOLE

Laguiole (prononcez « Laïole ») : l'objet et son lieu de production semblent indissociables. Le nom évoque à la fois la « capitale » de l'Aubrac aveyronnais et un gage de qualité à la réputation nationale, voire internationale. De généreux pâturages et des collines arrondies entourent le bourg-refuge perché à 1 042 m, sur un plateau à vaches, où démarre l'épopée de ce couteau. Tout commença au début du XIXe s. L'ancêtre du couteau actuel, le capuchadou, aux allures de poignard et avec une lame fixe, était souvent utilisé pour la cuisine. En 1828, Pierre-Jean Calmels, un artisan du village, eut l'idée de concevoir un nouveau couteau, pliable cette fois. Les buronniers de l'Aubrac pourraient ainsi le glisser dans leur poche. Le laguiole était né, monté à la main et composé de matériaux de grande qualité, avec ses mitres et ses rivets en laiton (le prix du couteau varie selon le nombre de mitres).

LE MASSIF CENTRAL

présentation de l'histoire et de la fabrication d'un couteau et ses différents éléments par un guide (si moins de 6 adultes, projection d'une vidéo). 2e partie : on assiste au façonnage du manche de couteau par un coutelier au travail. Visite de groupe (min 10 pers) sur rdv. GRATUIT. Durée de la visite : 1h. Visite libre du musée du couteau de Laguiole lun-sam 9h-12h, 14h-18h. Boutique : de janv à mi-juil et sept-déc, tlj 9h-12h30,14h-18h30 ; juil-août, tlj 9h-18h30.

Des 2 fabricants en titre, la coutellerie de Laguiole Honoré Durand est l'entreprise la plus visitée de l'Aubrac. C'est un des endroits où vous êtes assuré de trouver des couteaux forgés, fabriqués et assemblés à Laguiole, dans un large choix, du simple couteau de poche à la pièce unique (et prix tout aussi variés). La ***fabrique artisanale*** (coutellerie et forge) maîtrise toutes les étapes de fabrication du couteau, de l'atelier de forge (lames, ressorts...) à l'atelier de coutelier (montage, façonnage...). Alors, avant d'acheter votre couteau et pour découvrir sa fabrication, allez suivre une conférence sur l'***histoire de la coutellerie*** ; les « vrais-faux », l'aiguisage ; puis passez dans l'atelier, au contact des couteliers qui font partager leur passion. On peut même, sur réservation, participer à un stage et repartir avec son couteau, assemblé par ses soins, sous l'œil vigilant du maître coutelier.

Le + : stages de coutellerie.

Labels : Entreprise du Patrimoine Vivant, France savoir-faire d'excellence.

Coutellerie Benoît L'Artisan : *4, pl. de Toural, 12210 Laguiole. ☎ 05-65-51-55-80. • laguiole-benoit.com • Visite guidée seulement. Lun-sam (et dim juil-août) à 10h30, 11h30, 14h30, 15h30, 16h30 et 17h30. GRATUIT. Visite de groupe : infos et résa par tél. Point de vente sur place. Également boutique en ville (21, allée de l'Amicale) : juil-août, tlj 9h-19h30 ; hors saison, dim-lun 10h-12h30, 14h-18h30, mar-sam 9h30-12h30, 14h-19h.*

Benoît Mijoule, jeune maître artisan coutelier, et maître artisan en métiers d'art, né à Laguiole et fils de coutelier, a lancé son atelier en 1999. Il a inventé le ***couteau « tribal »,*** un manche à l'architecture très contemporaine, et n'hésite pas à utiliser des matériaux modernes, comme la fibre de carbone, à côté des matières traditionnelles (cornes, ivoire de phacochère, différentes essences de bois). Mention spéciale pour son couteau du sommelier, avec tire-bouchon, un levier et une lame d'acier décapsuleur. Un ***vent d'avenir*** qui souffle sur la tradition. La ***visite de l'atelier se fait avec un coutelier*** qui saura vous transmettre toutes les subtilités de son savoir-faire. Des ***stages de fabrication*** sont aussi proposés sur une journée pour aborder chaque étape du métier, du choix du modèle à l'affûtage *(sur résa uniquement, 2 pers max. 400 € la journée, couteau compris).*

Label : Entreprise du Patrimoine Vivant.

QUELQUES CONSEILS POUR SOIGNER VOTRE COUTEAU

Évitez de laver votre couteau à l'eau. Pour le nettoyer, il suffit d'essuyer soigneusement la lame après chaque utilisation. Si vous recevez un couteau en cadeau, offrez en retour à la personne une petite pièce de monnaie en échange... « Pour ne pas couper l'amitié », dit-on !

LASSOUTS

Barrage EDF de Castelnau-Lassouts : *12500 Lassouts. ☎ 05-65-70-43-42 (office de tourisme des causses de l'Aubrac, bureau de Saint-Geniez-d'Olt). • tourisme-aveyron.com • Belvédère en accès libre. GRATUIT.*

Il relie les communes de Lassouts, petit village joliment restauré, et de Castelnau-de-Mandailles, bâti sur une arête rocheuse. Construit entre 1941 et 1947, il fut mis en eau en 1949. C'est le plus grand barrage sur cet affluent du Lot en termes de volume de son lac de retenue : 40 millions de mètres cubes d'eau, dont 20 000 utilisables pour la production d'électricité ! Sur un site bien agréable, à 400 m d'altitude, ce lac présente une surface de 220 ha. Il est donc fermé par ce ***barrage de 52 m de haut,*** pour 47 m d'épaisseur à la base et 5 m à la crête, sur une longueur de 182 m. ***Au sommet, une exposition permanente*** à base de panneaux explicatifs, au niveau de l'ancienne maison du barragiste, transformée en ***belvédère,*** aide à pénétrer les mystères de la « houille blanche ». Une houille blanche bien utilisée : sa capacité de production d'électricité annuelle correspond aux besoins de 35 000 habitants. Et il est équipé de 3 évacuateurs des crues par déversoir : un ***véritable instrument d'aménagement du territoire !***

Pour joindre l'agréable à l'utile : un superbe ***chemin forestier de 32 km*** permet de faire le tour du lac de retenue. Les randonneurs qui en veulent encore emprunteront 2 sentiers qui mènent à 800 m d'altitude, les Puech de Barry et Puech de Condamines offrant de beaux panoramas sur la vallée du Lot. Les amateurs de nautisme, eux, pourront louer ***canoës, kayaks et bateaux électriques à Sainte-Eulalie-d'Olt,*** qui fait partie du club des « Plus Beaux Villages de France ». Quant aux ***pêcheurs,*** ils seront comblés, en particulier en matière de ***carpes*** (d'une réputation internationale !).

LATOUR-SUR-SORGUES

Le Sac du Berger : *Layrolle, 12540 Latour-sur-Sorgues. ☎ 05-65-99-36-60. • lesacduberger.com • ♿ Visite guidée seulement. Juil-août : sur résa lun-ven à 10h30 et 15h. Le reste de l'année sur rdv. GRATUIT. Visite de groupe sur rdv, pour 8-35 pers. Tarif : 3 €/pers. Durée de la visite : env 1h. Résa par tél ou par mail (voir le site). Boutique : lun-ven 9h-12h, 14h-18h, w-e et j. fériés 14h-18h.*

Entre Causses et Cévennes, en bordure du Larzac, dans la région de Millau, on perpétue le ***travail du cuir et de la laine*** autour d'un objet on ne peut plus typique et pratique à la fois : le sac du berger. Héritage du pastoralisme méridional, d'une forme qui n'a plus bougé depuis le XVIIe s, il est encore utilisé de nos jours par les bergers transhumants du sud de la France. La gamme de l'entreprise s'est élargie au ***reste de l'équipement du gardien*** : sandales en été et bottes en hiver, cape en pure laine foulonnée, imperméable et coupe-vent, pour lui assurer confort et chaleur lorsqu'il passe la nuit à la belle étoile, à proximité de son troupeau... On approche ici au plus près le travail des artisans des ***métiers du cuir*** : sellerie, maroquinerie, confection de vêtements en cuir, fabrication de chaussures. Un témoignage émouvant et rassurant d'une ***démarche artisanale locale,*** à l'ère de la mondialisation. Un accueil, un diaporama, une déambulation dans les bâtiments

et la boutique permettent de s'immerger dans le monde du berger, « témoin silencieux et fidèle du mystérieux tutoiement de l'homme avec le ciel ».
Label : Entreprise du Patrimoine Vivant.

© Patrick BARD / Le Sac du Berger

LE BAS

Les Martinets du Lézert : *à 2 km de* ***La Bastide-l'Evêque,*** *suivre la D269 direction « les Gorges de l'Aveyron, les Martinets du Lézert », 12200 Le Bas. 06-12-67-19-93. Mai-juin, dim et j. fériés 15h-18h ; juil-août, mer, jeu, dim et j. fériés 15h-18h ; sept, jeu et dim 15h-18h . Groupe sur résa. Adulte : 3 €, enfants (12-16 ans) 1,50 €. Durée 1h30.*

Tout près du village de La Bastide-l'Évêque coule le Lézert, ruisseau qui était bordé autrefois sur son parcours d'un nombre important de moulins à farine, à scie, à papier et à cuivre. Les martinets sont de très ***anciennes forges à battre le cuivre*** pour fabriquer des ébauches de marmites, chaudrons et autres ustensiles ou outils. Au XIVe s, on ne comptait pas moins de 13 martinets jalonnant le cours d'eau du Lézert. L'eau y est abondante et plus facilement maîtrisable que celle de l'Aveyron. Aujourd'hui, des ***bénévoles passionnés*** font revivre la structure. Une vidéo retrace l'histoire et la restauration de la ***forge*** et vous aurez ensuite droit à une ***démonstration du savoir-faire*** des martinaïres qui forgent le cuivre en utilisant la force de la rivière. Ne manquez pas de parcourir le ***sentier botanique*** tout autour du lieu.

MILLAU

Maison Fabre : *20, bd Gambetta, 12100 Millau. ☎ 05-65-60-58-24. • maisonfabre.com • Visite guidée sur rdv : lun-ven 9h30-11h30, 14h30-17h. Visite de groupe sur rdv, à partir de 10 pers. Résa par tél ou par mail : • shop@maisonfabre.com • GRATUIT. Durée de la visite : 20-30 mn. Boutique : lun-ven 9h (10h sam)-12h, 14h-19h.*

La Maison Fabre, fondée en 1924, est reconnue comme le nec plus ultra de la ***ganterie française,*** avec d'élégantes éditions sur mesure, alliant son savoir-faire traditionnel à un souffle résolument contemporain. En bientôt 100 ans, Maison Fabre a aussi acquis ses lettres de noblesse avec le cinéma. L'entreprise millavoise crée notamment, en 1966, les gants de rallye de Jean-Louis Trintignant dans *Un homme et une femme* de Claude Lelouch ainsi que les gants de conduite en veau velours noir de Steeve McQueen dans *L'Affaire Thomas Crown*. En 1971, la ganterie familiale a réalisé 2 paires de gants en agneau velours vert brodés au fil d'or pour Don Salluste interprété par Louis de Funès dans *La Folie des grandeurs*.

Enfin, durant la Ve République, Maison Fabre a fabriqué des gants pour tous les présidents ainsi que les 1res Dames. Aujourd'hui, l'entreprise souhaite valoriser l'***économie circulaire*** avec le modèle Larzac, le 1er gant en cuir et laine des brebis de l'Aveyron. La Maison Fabre parfume aussi ses créations... N'oublions pas que, du XVIe au XVIIIe s, le parfum était uniquement commercialisé par les ***maîtres gantiers parfumeurs.*** En 2013, elle ré-édite à l'identique les gants parfumés de Marie-Antoinette, toujours disponibles à la vente... La visite vous permettra de découvrir toutes les étapes de la fabrication d'un gant, de la coupe à la couture et les finitions.

Label : Entreprise du Patrimoine Vivant.

GANT MAGIQUE

Dans le domaine du cinéma, la Maison Fabre a également ressuscité le gant magique de la Bête, celui qui permet à Belle de voyager à travers l'espace et le temps, dans le film de Jean Cocteau, inspiré du conte de Madame Leprince de Beaumont. Des merveilles de gants en agneau doublés de soie et brodés à la main au fil d'or par Pascale Duchénoy (entreprise Linge au cœur), avec des éclats percés de cristal de Swarovsky. À admirer au musée du Gant de Millau.

L'Atelier du Gantier : *20, rue Droite, 12100 Millau. ☎ 05-65-60-81-50. • atelierdugantier.fr • Lun-ven, sauf j. fériés (ouv 14 juil et 15 août), 9h-12h, 14h-19h ; plus sam de mi-nov à fin déc ; tlj en déc.*

Créé par un jeune couple en 1989 puis repris par Julien Vidal et Lydie Peron depuis 2012, ce petit atelier est aujourd'hui ***le seul à Millau à fabriquer les gants de bout en bout,*** sans sous-traitance. L'intégralité de la

MILLAU, CAPITALE DU GANT

Le travail des peaux et des cuirs remonte au XIe s. À l'origine de cette activité, l'abattage d'agneaux très jeunes pour récupérer le lait des brebis destiné à la fabrication du fromage. On disposait alors de peaux d'une très grande finesse, adaptées à une production de luxe qui fit la réputation de la ville. L'âge d'or de la ganterie dura du XIXe s jusqu'aux années 1930. La crise économique, la Seconde Guerre mondiale et les changements de mode entraînèrent la chute de la production. Aujourd'hui, Millau se cantonne au gant de luxe.

fabrication, du travail de la peau au dressage en passant par la coupe et la couture du gant, est réalisée ici en respectant le savoir-faire gantier millavois. Si l'entreprise crée des gants pour le cinéma et des vedettes, elle propose aussi toute une ***gamme de ville et de conduite sur mesure et personnalisable,*** accessible au grand public. En saison estivale, on peut découvrir les secrets de fabrication à travers une visite qui propose une petite explication sur l'origine du gant à Millau puis des différentes étapes de fabrication d'une paire de gants avec présentation du matériel, des différents types de peaux (agneau, pécari, cerf...) et des emporte-pièces. *(Mer mat en été, résa tél conseillée au plus tard la veille).*
Labels : Entreprise du Patrimoine Vivant, Fabriqué en Aveyron.

Musée de Millau et des Grands Causses – Paléontologie, Archéologie, Peau et Gant : *pl. Maréchal-Foch, 12100 Millau. ☎ 05-65-59-01-08. • museedemillau.fr • Juil-août, tlj sauf lun 10h-12h30, 14h-18h ; avr-juin et sept, mer-dim ; oct-avr, fermé dim-lun. GRATUIT.*
Installé dans l'hôtel particulier du marquis de Pégayrolles, datant de 1738, parfait pour approfondir les visites précédentes. C'est surtout la partie « peau et gant » qui nous intéresse dans le cadre de ce guide : on y découvre tout sur les métiers du cuir et du gant. De quoi faire la différence entre un tanneur et un mégissier, et ne plus rien ignorer de la « main chaude », de la « locomotive » et du langage des gants... Amusant de voir que les peaux de poisson peuvent aussi être utilisées ou qu'on importait de la crotte de chien de Constantinople pour la 1re macération des peaux (pour assouplir et éliminer la chaux) ! Exposition de vieilles machines, de réclames et des plus belles productions locales, anciennes ou contemporaines. Atelier de gantier reconstitué et film très bien fait qui permet de suivre le parcours de transformation d'une peau brute, qui subit une centaine de manipulations avant d'être transformée en gant.

MONTÉZIC

EDF – Centrale hydraulique de Montézic : *usine de Montézic, 12460 Montézic. Visite guidée avec l'office de tourisme En Aubrac – Bureau de Saint-Amans-de-Côte ☎ 05-65-44-81-61. Durée de la visite : 2h. GRATUIT. Pièce d'identité (carte d'identité ou passeport) obligatoire. Pour les inscriptions, voir sur le site • edf.fr/visiteredf •*
Au nord de l'Aveyron, entre monts d'Aubrac et monts du Cantal, les hommes ont trouvé ici, entre Carladez et Viadène, les conditions idéales pour construire ce qui deviendra la chaîne hydroélectrique de la Truyère. Montézic est la dernière-née sur la rivière Truyère, sa mise en service date de 1982. Cette centrale hydroélectrique

L'ATOUT MAJEUR DES STEP

Le principal problème que présente l'électricité, dans un objectif de transition énergétique écologique, est la difficulté de son stockage, onéreux et actuellement limité à des quantités d'énergie relativement faibles. Les barrages STEP sont aujourd'hui le moyen de stockage indirect d'énergie électrique le plus mature : on pompe depuis un bassin inférieur de l'eau quand l'électricité est abondante et donc à prix faible (les heures creuses) vers un bassin supérieur, que l'on utilisera pour actionner des turbines hydrauliques quand la demande d'électricité est forte (et donc à prix élevé) en faisant s'écouler l'eau vers un bassin inférieur. Le stock d'énergie se reconstitue à l'infini et en grande quantité.

exploitée par EDF est particulière : il s'agit d'une des 6 stations de transfert d'énergie par pompage (STEP) de France. Par sa puissance installée, de 920 MW (soit l'équivalent d'une tranche nucléaire), Montézic est le ***2e site de production hydraulique le plus puissant de France.*** En seulement quelques minutes, c'est l'équivalent d'une tranche nucléaire qui peut être livrée sur le réseau électrique français et européen ! La STEP de Montézic est constituée d'un bassin supérieur : les digues de Monnès et de l'Étang (le réservoir de Montézic) et d'un bassin inférieur. La production d'électricité et le pompage se font grâce aux 4 groupes de production (turbines) situés à 400 m sous terre.
La STEP de Montézic se trouve sur la ***Route de l'énergie.***

ROQUEFORT

Roquefort Gabriel Coulet : *5-7, av. de Lauras, 12250 Roquefort. ☎ 05-65-59-24-27. • gabriel-coulet.fr • Visite gratuite en accès libre suivie d'une dégustation, durée : 30 min. Pour les groupes, résa par mail à l'avance • jplaur@gabriel-coulet.fr • Boutique : tlj juil-août, 9h-19h30 ; avr-juin et sept, 9h30-18h30 ; le reste de l'année, 9h30-12h30, 13h30-17h30, dernière visite 45 mn avt fermeture boutique.*

C'est en 1872 que l'aventure a commencé lorsque Guillaume Coulet découvre dans sa cave à vins des fleurines, fissures de ventilation naturelle du massif de Combalou. Lui succédant en 1906, son fils Gabriel Coulet donnera son nom et sa notoriété à l'entreprise familiale. La prestigieuse marque est aujourd'hui dirigée par les arrière-arrière petits-fils de Gabriel, Jean-Pierre et Emmanuel Laur, qui perpétuent et affinent leur roquefort, réputé dans le monde entier pour son goût et son onctuosité. Le 1er ingrédient du roquefort Gabriel Coulet n'est autre que le ***lait cru de brebis de race Lacaune.*** Ce lait, chauffé à une température entre 28 °C et 32 °C pour l'emprésurage, est ensuite ensemencé de *Penicillium roqueforti.* Après avoir été découpé et brassé en cuve, le lait caillé est mis en moule à la main puis retourné régulièrement. Salé sur toutes ses faces, il est ***placé en affinage dans les caves naturelles du village*** pendant une période d'environ trois semaines. La température moyenne de 11 °C et la ventilation naturelle permettent la bonne maturation du produit. Les fromages stockés n'obtiendront l'AOP roquefort qu'après une période de 90 jours, garantissant l'authenticité de sa fabrication ainsi que ses lettres de noblesse. La ***visite libre*** permet de découvrir les étapes de fabrication et d'affinage dans un cadre chaleureux et familial et elle se termine par une dégustation.

LA BONNE ÉTOILE DU BERGER

Le roquefort devrait sa naissance à un petit berger tête en l'air, qui aurait un jour oublié son repas (un modeste morceau de fromage sur un bout de pain) au fond d'une grotte. Quand il le retrouva, longtemps après, celui-ci présentait des tas de taches vertes. Et c'était délicieux. Comme quoi, il n'y avait pas de quoi faire un fromage d'un oubli !

Maison Combes Le Vieux Berger : *7, av. du Combalou, 12250 Roquefort. Fléché à droite en remontant l'av. de Lauras. ☎ 05-65-59-91-48. • le-vieux-berger.com • Visite libre des ateliers de conditionnement, lun-ven 9h-12h, 13h30-17h30 (ven 16h30). Accueil des groupes sur rdv. Fermé w-e et j. fériés.*
Au cœur du parc naturel régional des Grands Causses, cette belle entreprise familiale a été fondée en 1923. C'est aujourd'hui Vincent, maître artisan fromager, qui dirige l'entreprise dans le respect du ***cahier des charges de l'AOP***

et du terroir. La visite offre l'occasion de découvrir le savoir-faire traditionnel de la fabrication du fromage qui se fait ici à la main, de la collecte du lait à l'affinage en passant par la découpe, le brassage, le moulage, l'égouttage et le salage. Dégustation à la clé.
Label : Entreprise du Patrimoine Vivant.

Caves de Roquefort Société : *av. François-Galtier, 12250 Roquefort-sur-Soulzon. ☎ 05-65-58-54-38. • roquefort-societe.com • Visite guidée seulement : oct-mars, 10h-12h, 13h30-16h30 ; avril-juil et sept, 10h-12h, 13h30-17h ; août, 10h-17h30. Tarifs : 7,50 € ; étudiants et demandeurs d'emploi (sur présentation d'un justificatif) : 5,50 € ; enfants 7-15 ans, 4,50 €, gratuit moins de 6 ans. Visite de groupe sur rdv, à partir de 20 pers. Tarifs : 4,50 €/pers ; gratuit scolaires. Durée de la visite : 1h. Pensez à emporter une petite laine car il fait 10 °C dans les caves ! Boutique : tlj 10h-12h, 13h30-17h (16h30 nov-mars).*

Capitale du célèbre fromage, Roquefort-sur-Soulzon s'étire le long de la grande falaise du plateau du Combalou, à la frontière du causse du Larzac. Il y a très longtemps, un pan de la falaise s'effondra, provoquant un énorme éboulis ; les nombreuses cavernes alors formées fournirent des ***abris naturels.*** Avec le lait des brebis qui paissaient sur les plateaux herbus, on se mit à faire du fromage, auquel la ***fraîcheur***

GÉOLOGIE GUSTATIVE

Le caractère spécifique du roquefort tient avant tout à la conjonction des conditions de maturation et d'affinage exceptionnelles du site. Les éboulis ont dessiné un réseau de cheminées souterraines, tunnels, couloirs, appelé ici « fleurine ». Sous l'ensemble, des nappes d'eau assurent l'humidité des lieux. Caves et tunnels en contact avec l'atmosphère, plus la condensation et l'évaporation, favorisent dans ces rochers un air climatisé sans cesse renouvelé, avec 95 et 98 % d'humidité. Ajoutez une température constante de 8 à 10 °C à ces spécificités 100 % naturelles, et vous obtiendrez un bon roquefort.

© COLIN Mathieu / ...

des cavernes du Combalou garantissait une bonne conservation et un affinage parfait. Depuis 1863 et la reconnaissance du fromage de Roquefort, la marque Société n'a cessé d'être un acteur incontournable du marché. La ***visite des caves*** vous apprendra bien des choses sur la fabrication de ce fromage grâce à une animation, une vidéo, une mise en lumière d'une des plus anciennes caves et pour clore la visite, une dégustation.
Attention : l'affinage du roquefort ayant lieu de janvier à juin, il n'y a pas de fromages dans les caves en dehors de cette période.
Label : France savoir-faire d'excellence.

Si une telle visite vous a ouvert l'appétit, direction le restaurant ***La Cave des Saveurs :*** *rue de la Créance. ☎ 05-65-58-58-11. Au-dessus du parking des caves Société. Tlj (sauf mer hors juil-août), le midi seulement. Ouv avr-début nov. Formule et menu 14,90-19,90 € ; carte env 30 €.* Salle voûtée en tuf blond, ou terrasse avec une vue dégagée sur la vallée. Les caves *Société* jouent le jeu de formules abordables qui mettent le fromage de brebis persillé en accompagnement de tous les plats. Rien de bien gastronomique mais le service est rapide et souriant.

LE SECRET DU ROQUEFORT ET DE SON AOC

Le secret réel du roquefort, c'est un micro-organisme, le Penicillium roqueforti, *champignon obtenu à partir de pain au levain à base de farine de seigle et de blé. Ses spores sont ensemencées dans le lait, avant caillage, dans les fromageries. Puis, dans l'atmosphère humide des caves, le champignon transforme doucement la pâte. En 1666, le parlement de Toulouse édicte des règles et des droits pour les affineurs locaux et leur garantit le nom de roquefort. En 1925, c'est la 1re « Appellation d'origine contrôlée » connue régissant définitivement la fabrication d'un fromage : il doit être fait exclusivement à partir de lait de brebis, pur et entier, non pasteurisé. Ce lait doit provenir d'une zone et d'une race (la brebis Lacaune) très précises. Enfin, ce fromage est fabriqué suivant les méthodes traditionnelles (pain de 20 cm de diamètre et de 10 cm de haut, pesant 2,5 kg) et affiné dans les caves naturelles, dans un périmètre délimité, correspondant à l'éboulis du Combalou. Les pains sont affinés au minimum 3 mois à Roquefort, dont 3 semaines dans les caves, et les opérations de conditionnement sont effectuées dans la commune.*

🍴🍴🍴 **Roquefort Papillon :** *8 av. de Lauras, 12250 Roquefort-Sur-Soulzon. ☎ 05-65-67-23-50. • roquefort-papillon.com • Visite guidée à partir de 10h jusqu'à 16h30 : départs env ttes les heures en hiver (avec interruption 12h-14h) et ttes les 20-30 mn en été, avec dégustation de produits (les produits changent tous les jours). GRATUIT. Durée de la visite : 45 mn-1h. Groupes max 30-35 pers. Boutique : tlj 10h-18h. N'oubliez pas votre petite laine, la température sous terre oscille entre 8 et 12 °C !*
Vous voici au cœur du pays du roquefort, région comprise entre le Tarn et les monts de Lacaune dans le parc naturel régional des Grands Causses. Vous êtes même au cœur du cœur : Roquefort-sur-Soulzon, capitale du célèbre fromage, le long de la grande falaise du causse du Combalou, à la frontière du plateau du Larzac. Le roquefort doit son succès à sa longue et facile conservation et à ses richesses nutritives. Depuis 1925, il est protégé par une AOC. Quoi de mieux alors que de le découvrir dans une maison plus que centenaire, fondée en 1906 par la famille Alric ? La visite proposée est celle des ***caves historiques*** (non du site de production actuel), accompagnée d'explications sur les différentes étapes de fabrication. Elle se termine par une dégustation.

LE MASSIF CENTRAL

SAINT-AFFRIQUE

L'Arc en Miel : *12400 Saint-Affrique. 06-29-78-03-00 • larcenmiel.fr • De mi-avr à fin sept : visites, boutique et stages. Détails et résa sur internet ou au tél. Juil-août, lun-ven 14h-18h30 ; voir sur le site pour le reste de l'année. Tarif visite : 7,50 € ; enfant 5,50 € ; gratuit moins de 4 ans. Atelier fabrication de bougies de cire d'abeilles : 19 €/pers, sur résa. Boutique : juil-août, lun-ven 14h-18h30 ; autrement, sur rdv (si possible le jour même).*

On ne présente plus les bienfaits du miel, mais malheureusement, on présente encore les dangers encourus par les abeilles ces dernières années... Ces apiculteurs partagent auprès de différents publics, sur la ferme et dans l'atelier, leurs pratiques professionnelles – ils travaillent en bio certifié AB et Nature & Progrès –, et aident à prendre la mesure des enjeux écologiques et humains actuels. Nadia et Bruno vous accompagnent dans cette découverte à l'aide de leurs ***ruches pédagogiques.*** Dans cette optique, ils organisent plusieurs types de visite. Ainsi, la visite « immersion » inclut ***l'ouverture d'une ruche*** : on comprend la structure, on observe la cire, on apprend à reconnaître les différentes espèces d'abeilles, à comprendre leur mode de fonctionnement. En période de récolte, on peut même participer à ***l'extraction du miel*** ! Enfin, on est initié à cette ***dégustation*** de miel en goûtant 8 à 10 miels variés issus de butinages dans l'Aveyron. Une ***visite passionnante à faire en famille.*** Vous pouvez aussi choisir une visite privée personnalisée, lors de laquelle vous passerez carrément la ***tenue de l'apiculteur*** pour participer à son travail !

Arnaud CAILLOU - L'œil Témoin

SAINT-ANDRÉ-DE-NAJAC

Moulin Le Moulinet : *Le Moulinet, 12270 Saint-André-de-Najac. ☎ 05-65-65-76-74. • moulin.lemoulinet.fr • Avr-juin et sept-oct : mar, ven-sam, 1er et 3e dim du mois, 14h-18h ; juil-août : mar-ven et dim 14h-19h ; hors saison : sur résa par tél ou par mail • moulin.lemoulinet@orange.fr • Entrée : 5 €, enfant 4 €. Boutique (farine de blé et huile de noix) à l'issue de la visite.*

Dans le Rouergue, au bout d'une vallée, ce moulin, baigné par les eaux de la Serène, se distingue par ses 3 activités différentes : scierie à bois, moulin à huile de noix, moulin à grain. Pour chacune d'elle, une roue à aube horizontale entraînée par l'eau, à l'intérieur du moulin. Au cours de la visite, Jean-Pierre Rigal, le meunier, donne des explications illustrées par des démonstrations qui vous permettront de découvrir la vie et les gestes de nos anciens. Aire de pique-nique sur place.

SAINT-GENIEZ-D'OLT

Brasserie d'Olt : *16 Z.A. de la Salle, 12130 Saint-Geniez-d'Olt. ☎ 05-65-52-75-03 📱 06-71-00-46-95. • brasseriedolt.com • Visite sur rdv sauf juil-août, mar et jeu à 11h. Durée : 1h. Boutique : lun-ven 8h30-12h, 13h30-17h30, sam 10h-12h.*

Cette brasserie fut créée en 1998 dans la vallée du Lot par Sébastien et Carole Blaquière, avec l'ambition de faire partager à travers des réalisations brassicoles l'identité du terroir aveyronnais. L'eau à la base de la fabrication de leurs ***bières*** provient des monts d'Aubrac et alimente directement leur brasserie. Ces ***eaux naturellement chargées en charbon actif*** et autres minéraux en font la spécificité de leurs boissons. Ils proposent aussi une ***gamme de limonades bio artisanales*** et de cola. Bières et limonades sont élaborées sans additif ni colorant, ni conservateur. Lors de la visite, l'historique de la maison est abordé, le processus complet de fabrication est montré, en présence des ouvriers (selon l'horaire), avant de terminer par une dégustation.

SAINT-HIPPOLYTE

EDF – Centrale hydroélectrique de Couesques : *lieu-dit Couesques-Basses, 12140 Saint-Hippolyte. ☎ 05-34-39-88-70. Espace EDF Truyère : visite guidée sur rdv, accès libre certains jours (rens auprès de l'office de tourisme Terres d'Aveyron – Bureau d'Entraygues ☎ 05-65-44-10-63). Résa par tél ou par mail : accueil@terresdaveyron.fr. GRATUIT.*

Mis en service en 1950, l'aménagement hydroélectrique de Couesques est situé à 6 km en amont de la confluence de la Truyère et du Lot. Il se compose d'une centrale d'une puissance de 124 MW et d'un barrage dit à « crête déversante ».
Situé dans l'ancienne salle de commandes de la centrale de Couesques, l'Espace EDF Truyère offre l'occasion de découvrir de manière ludique et interactive les origines de la centrale, sa construction et son fonctionnement. La visite permet aussi de se pencher plus largement sur ***l'histoire de l'hydroélectricité sur les vallées du Lot et de la Truyère.*** L'espace scénographique doté d'un parcours pédagogique explique au travers de maquettes, d'écrans tactiles, de films et d'expériences le fonctionnement des centrales et barrages qui, chaque jour, produisent l'énergie hydraulique, la plus importante des énergies renouvelables.
Vous pourrez prolonger cette visite en vous rendant au niveau du ***barrage de Couesques*** pour profiter du magnifique panorama sur l'ouvrage et la retenue d'eau, situés en zone Natura 2000. Durant l'été, de nombreuses animations sont proposées au public. La centrale de Couesques se trouve sur la ***Route de l'énergie.***

SAUVETERRE-DE-ROUERGUE

Atelier Max Capdebarthes : 19, route de la Garcie, 12800 Sauveterre-de-Rouergue. ☎ 05-65-47-06-64. • max-capdebarthes.fr • Visites guidée sur rdv. Lun-ven 9h-12h30, 13h30-17h (sauf ven ap-m). Visite de groupe jusqu'à 10 pers. GRATUIT. Durée de la visite : 30 mn. Boutique : lun-ven 9h-12h30, 13h30-17h.

La région du Ségala étale un pittoresque paysage de vallons verdoyants dominés par des éperons rocheux. C'est là que se dresse Sauveterre-de-Rouergue, classé parmi les ***« Plus Beaux Villages de France ».*** Fondée en 1281 par Guillaume de Mâcon, cette bastide royale est un chef-d'œuvre d'équilibre urbain, au charme infini, avec ses maisons à colombages et ses vestiges de fortifications. C'est le village natal de Max Capdebarthes, ***créateur-maroquinier,*** qui y crée son entreprise en 1987. Il propose aujourd'hui toute une gamme de sacs pour femme et pour homme, des créations haut de gamme. Également une collection de maroquinerie de poche, d'objets de bureau et de décoration, et d'étuis à stylo et à couteau – le couteau de Sauveterre ayant sa réputation. Dans une ***belle bâtisse du XIIIe s,*** on peut visiter la boutique et l'atelier, où œuvre une équipe appliquée à travailler cette matière noble qu'est le cuir.

Labels : Entreprise du Patrimoine Vivant, Fabriqué en Occitanie.

LOZÈRE

La Lozère est le département le moins peuplé de France. À une époque où l'on recherche calme, tranquillité et retour à la nature, elle possède quelques longueurs d'avance sur les autres départements ! Des vallées accidentées des Cévennes, pays de rivières et de châtaigniers, aux Grands Causses, vastes plateaux aux horizons infinis, ce n'est pas l'espace qui manque. Espace dans lequel s'inscrit une nature âpre, rude, mais furieusement belle. Et quelque chose comme une grandeur dans cet horizon qui n'en finit pas de s'enfuir au loin... La Lozère est décidément un département panoramique !

Une géographie qui dicte sa loi à l'économie. Ainsi, l'agropastoralisme méditerranéen a valu au territoire des Causses et des Cévennes d'être inscrit au patrimoine mondial de l'humanité dans la catégorie « paysage culturel évolutif vivant » par l'Unesco en 2011.

BANASSAC-CANILHAC

Chocolaterie Fabrique Malakoff : ZA L'Oasis, lieu-dit La Mothe, 48500 Banassac-Canilhac. ☎ 04-66-44-09-50. • boutique-malakoff.fr • Visite guidée sur résa mar et jeu à 14h30, mar-ven en juil-août. Tarif : 2,50 €/adulte, 1 € si groupe, durée 45 mn. Boutique : mar-sam 9h30-12h, 14h30-18h30.

Le « Malakoff » est un mélange de chocolat, de sucre et de noisettes (pour le praliné), de vanille et de beurre de cacao. Ce délicieux chocolat est né ***à la demande de Napoléon III*** pour célébrer la victoire du général Mac-Mahon à Malakoff en Crimée. Il est à nouveau fabriqué en Lozère depuis 2011 grâce à Romain Chollier, autodidacte gourmand et curieux, d'abord crêpier à Alès. Une belle réussite pour cette ***petite entreprise installée dans une ancienne laiterie*** et qui produit maintenant, outre les barres chocolatées « Malakoff 1855 », des pâtes à tartiner, des tablettes de chocolat et autres gourmandises cacaotées. C'est toute l'histoire de ce chocolat qui vous sera contée lors de la visite. Surtout, vous aurez l'occasion d'assister à la réalisation des produits de la maison en baignant dans une délicieuse odeur de chocolat. Et la visite se termine par une dégustation, bien sûr !

FLORAC

Atelier Tuffery *: ZA Saint-Julien-du-Gourg, 48400 Florac. ☎ 04-66-45-00-94. • ateliertuffery.com • Boutique : lun-sam 9h-12h, 14h-19h.*
Du nom de son créateur, l'atelier, qui a d'abord créé des ***vêtements de travail,*** confectionne aujourd'hui des modèles en ***jeans*** aux coupes contemporaines. La collection comprend des jeans, quelques vestes ou jupes. De beaux produits qui certes ont un coût, mais du moins ici, on a la satisfaction d'observer en direct la fabrication des produits et ceux qui y œuvrent – l'atelier se situant juste derrière la boutique ! Avantage, l'ourlet si nécessaire est réalisé sur place, en 10 mn. Accueil extra, très pro, comme la qualité et les coupes.
Labels : Entreprise du Patrimoine Vivant, Fabriqué en Occitanie.

© Alexandra Brunet

HURES-LA-PARADE

Le moulin à vent de la Borie : *Raouzas, 48150 Hures-la-Parade (en bordure de la D 986). 06-28-19-19-34. • moulindelaborie.com • Ouv Pâques-Toussaint : avr-août, tlj sauf sam 11h-18h (13h30 avr et 10h juil-août) ; sept-oct, mer-ven et dim 14h-18h (17h en oct). Sur résa le reste de l'année. Visite 5,50 € ; réduc. Boutique : même horaires que le moulin.*

Le ***causse Méjean*** : 33 000 ha d'une vaste steppe à l'infini, légèrement ondulée et parsemée de bien jolis hameaux aux toits de lauzes, de *clapas,* des pierres entassées ici et là par l'homme, et de *caselles,* sorte d'abris pour les moutons et les bergers. C'est le plus haut de tous les causses (environ 1 000 m). Très peu peuplé (1,4 hab./km^2), il donne souvent l'impression d'être seul au monde. Il offre des paysages qui rappellent les steppes d'Asie centrale, les plaines d'altitude du Mexique, les collines arides d'Anatolie, et parfois même certains horizons de l'Ouest américain. C'est dans ce ***désert d'altitude*** que se dresse ce vénérable moulin à vent dominant le paysage environnant, patiemment remonté par des habitants du coin. ***Résurrection complète : il produit de nouveau de la farine*** toute l'année, ***à partir de céréales cultivées en raisonné, voire en bio, sur le causse.*** La ***visite guidée (45 mn)*** permet de voir fonctionner le mécanisme et de comprendre le processus de production des différentes farines (blé, épeautre, lentilles, sarrasin, seigle...). À la boutique, vente de farines, évidemment !

HYELZAS

La Ferme Caussenarde d'Autrefois : *48150 Hyelzas. ☎ 04-66-45-65-25. • ferme-caussenarde.com • Avr-oct, 12h30-18h ; mai-sept, 11h30-18h30 (11h-19h juil-août) ; nov-mars sur résa. Entrée : 6,80 € ; réduc ; gratuit moins de 6 ans. Visite guidée : 12 €. Compter 1 bonne heure de visite libre avec brochure explicative. Possibilité de visite combinée avec d'autres sites du coin.*

Dans cette rustique et authentique ferme des XVIIIe et XIXe s tout en voûtes et toits de lauzes, on plonge au cœur de l'histoire de la région. Les descendants de la dernière habitante ont ***reconstitué la vie quotidienne des paysans*** du causse Méjean jusqu'aux années 1950 : outils et machines agricoles, pièces d'habitations, étable, atelier, bergerie... Également des photographies anciennes, des extraits du film *Lou Mèjio* qui évoque ces temps révolus, et une belle maquette (en pierre !) d'un village miniature reproduisant des édifices de la région.

En été, de ***nombreuses animations*** redonnent vie au lieu : cuisson du pain, travail du forgeron, du potager, etc. (programme sur le site internet). Pour conjuguer passé et présent, on peut, avec la formule « Des brebis et des hommes », coupler la visite de la ferme d'autrefois avec celle de l'élevage de brebis d'aujourd'hui (et ses glaces artisanales) à la ***ferme bio Armand et Marie,*** pour terminer par une dégustation à la fromagerie ***Le Fédou*** *(☎ 04-66-45-66-74)* – qui confectionne une vingtaine de fromages différents au lait de brebis – animée par un guide gourmand *(compter alors 3h30 de visite pour 19,50 € ; réduc ; gratuit moins de 6 ans ; résa en ligne obligatoire).* Pour une imprégnation locale par tous les sens !

QUÉZAC

La source de Quézac : *48320 Quézac, à l'entrée du village, juste après le pont gothique (ne pas aller à l'usine). ☎ 04-66-45-47-15. • eaudequezac.com • Ouv de mi-juin à mi-sept. Résa obligatoire. Visite : 4 € ; réduc ; gratuit moins de 10 ans. Visite guidée (env 1h30) sur l'histoire de la source avec la projection d'un film sur l'embouteillage.*

« Que s'apelerio Quezac » : cette courte phrase a marqué toute une génération. Mais quelle est l'histoire de l'exploitation de sa source ? D'abord lieu de culte pour les Celtes, puis appréciée par les Romains, et vénérée au Moyen Âge par les pèlerins qui lui prêtent des vertus miraculeuses, la source de l'eau de Quézac a traversé le temps et nourri de nombreuses légendes. Depuis 2017, c'est le groupe OGEU qui détient la concession d'exploitation. La production s'élève aujourd'hui à 500 000 bouteilles par jour. En 1h30, le guide renseigne sur ***l'histoire et la géologie de la source*** ; puis la visite mène à l'ancien bâtiment de captage. On y assiste à la diffusion d'un film sur le processus d'embouteillage, avant de déguster ***l'un des produits lozériens les plus courants en France !***

Quézac, Pont gothique (XVe-XVIIe s.)

FÊTES ET MANIFESTATIONS

Printemps

– ***Foire aux fleurs :*** *3e w-e d'avr, à* **Duravel.**
– ***La Vache Aubrac en transhumance :*** *dim le plus proche du 25 mai (jour de la saint Urbain).* • *traditionsenaubrac.com* • C'est le moment où les troupeaux rejoignent le plateau de l'Aubrac pour y passer l'estive, de fin mai à mi-octobre. Foire, produits du terroir, passage et présentation des troupeaux de 10h30 à 17h, groupes folkloriques et dîner dansant « Nuit de l'Aubrac »...
– ***Fête du Fromage :*** *dim de Pentecôte, à* **Rocamadour.** Une palette de fromages fermiers (brebis, vache, chèvre) réunis autour de l'AOP rocamadour, ce petit fromage au lait de chèvre qui a du caractère. Concours de fromages fermiers, animations musicales, déjeuner champêtre...

Été

– ***Festival occitan Estivada :*** *3 j. en juil, à* **Rodez.** • *ville-rodez.fr* • *Rens : ☎ 05-65-75-76-77 (office de tourisme). Grande fête gratuite.* Concerts, expositions, théâtre, produits du terroir et accent chantant !
– ***Lot of Saveurs :*** *1 w-e début juil, à* **Cahors.** • *lotofsaveurs.fr* • Festival de la gastronomie. Concours de cuisine et repas proposés par de grands chefs, la Grande Tablée. Le festival est l'occasion de goûter le pastis et le melon du Quercy, le safran, la truffe, le rocamadour et moult autres produits locaux.

LE CAHORS, VIN DE MESSE PEU ORTHODOXE

Le tsar Pierre le Grand soignait son ulcère en buvant du cahors. Il en fit goûter au patriarche de Russie qui l'apprécia. Décision fut prise d'utiliser le breuvage comme vin de messe pour l'ensemble des églises de Russie. Cette obligation assura la fortune des vignerons pendant quelques siècles... jusqu'à la révolution soviétique. Pas étonnant qu'à Cahors les communistes soient minoritaires !

– ***Fête des Tondailles :*** *1 j. mi-juil, à* **Martel.** Concours de tonte de moutons. Grand banquet campagnard. Ambiance sympa.
– ***Marché des Potiers :*** *dernier w-e de juil, à* **Carjac.**
– ***L'Été du Malbec :*** *de début juil à fin août, à* **Puy-l'Évêque.** • *puy-leveque.fr* • La fête du vin dure tout l'été ! Elle est dédiée au vignoble du Cahors. Elle inclut celle des vignerons indépendants. Soirées concerts, dégustations, déambulation, festival Off dans les domaines viticoles.
– ***Foire aux vins et produits régionaux :*** *14-15 août, à* **Duravel.**
– ***Fête du Pain :*** *15 août, au lieu-dit* **La Fontade.** Animations pour les enfants, fabrication de pain, marché fermier...
– ***Fête de la Confrérie de la pouteille et du manouls :*** *3e dim d'août, à* **La Canourgue.** Avec la participation des confréries de toute la région. Cette fête est l'occasion de déguster ses 2 plats régionaux : la *pouteille* est une spécialité du village composée de pieds de porc, de morceaux de bœuf à braiser, de saindoux, de pommes de terre, d'oignons, d'ail, et de vin rouge. Le *manoul,* l'autre grande spécialité du village, est une variante des tripoux. Ce sont des tripes et des panses de mouton, cuites avec une fraise de veau, de poitrine salée et assaisonnées, cuites des heures dans une cocotte mouillée de vin blanc et d'eau.
– ***Fête du Melon et festival de l'Accordéon :*** *1er w-e de sept, à* **Jouels,** *à 4 km au nord de Sauveterre.* Accordéon et concours du plus gros mangeur de melon !
– ***Foire de la Saint-Michel :*** *1 dim fin sept., à* **Meyrueis.** Remontant au XIIIe s, elle célèbre aujourd'hui les produits du terroir et leurs confréries. Très populaire.

Automne

– ***Festival de la Soupe :*** *autour du w-e de la Toussaint, à* ***Florac-Trois-Rivières.*** Musiciens, fanfares, arts de rue, concours de soupes, dégustation de soupes de quartier, spectacles et ambiance des veillées et des saveurs d'antan...

– ***Fête du Safran :*** *1 w-e fin oct., à* ***Carjac.*** Visite d'une safranière, suivie d'une démonstration d'émondage, et rencontre de producteurs de fromages fermiers au safran.

– ***Fête de la Châtaigne et du Cidre doux :*** *dernier dim d'oct., à* ***Sauveterre-de-Rouergue.***

OR ROUGE

Cajarc est la capitale du safran du Quercy, une culture relancée en 1997 et qui occupe une soixantaine de producteurs sur seulement 3 ha. Un travail d'une extrême précision puisqu'entièrement réalisé à la main, de la cueillette des fleurs au prélèvement de l'épice qu'elles renferment. 200 fleurs donnent à peine 1 g de safran.

Hiver

– ***Fête de la Truffe :*** *1er dim de fév., à* ***La Canourgue.*** L'occasion d'acheter des truffes locales (compter quand même environ 1 000 € le kilo !). Ateliers culinaires avec dégustation, marché de producteurs... Repas truffé sur place ou dans les restaurants.

Quercy, Cajarc, récolte à la main du Crocus sativus p obtenir le safran

INDEX GÉNÉRAL

INDEX GÉNÉRAL

INDEX THÉMATIQUE

Fromagerie

Gastronomie

Haras

HUILERIE

Maroquinerie et tannerie

MIEL

MODE, TEXTILE ET TISSAGE

MUSÉES

Papier

PIERRE ET CARRIÈRES

PRODUITS DE LA MER

Salines

SPORT ET CULTURE

VINAIGRE

VIN

Les **Routards** *parlent aux* **Routards**

Faites-nous part de vos expériences, de vos découvertes, de vos tuyaux et de vos coups de cœur. Aidez-nous à remettre l'ouvrage à jour. Indiquez-nous les renseignements périmés. Faites profiter les autres de vos adresses nouvelles, combines géniales… On adresse un exemplaire gratuit de la prochaine édition à ceux qui nous envoient les meilleurs courriers, pour la qualité et la pertinence des informations. Quelques conseils cependant:

– Envoyez-nous votre courrier le plus tôt possible afin que l'on puisse insérer vos tuyaux sur la prochaine édition.
– N'oubliez pas de préciser l'ouvrage que vous désirez recevoir, ainsi que votre adresse postale.
– Vérifiez que vos remarques concernent l'édition en cours et notez les pages du guide concernées par vos observations.
– Quand vous indiquez des hôtels ou des restaurants, pensez à signaler leur adresse précise et, pour les grandes villes, les moyens de transport pour y aller. Si vous le pouvez, joignez la carte de visite de l'hôtel ou du resto décrit.

En tout état de cause, merci pour vos nombreux mails.

122, rue du Moulin-des-Prés, 75013 Paris

• *guide@routard.com* • *routard.com* •

Édité par Hachette Livre (58, rue Jean-Bleuzen, CS 70007, 92178 Vanves Cedex, France)
Photocomposé par Luminess (561, rue Saint Léonard, 53100 Mayenne, France)
Imprimé par FINIDR
Achevé d'imprimer : avril 2023
Collection n° 27 - Édition n° 01
78/2420/5
I.S.B.N. 978-2-01-720861-7
Dépôt légal : mai 2023

PAPIER CERTIFIÉ